公共關係與競選策略

——2004 大選連宋總部新聞發布實例研究

葉元之◆著

本書作者 2003 年於連宋全國競選總部工作期間，與國親聯盟總統候選人連戰合影於國民黨主席辦公室。

本書作者於 2001 年在紐約擔任記者時，與採訪對象李昌鈺博士合影。

本書作者於 2004 年與立法委員龐建國合影於連宋全國競選總部。

自序

　　在媒體當道的現代社會當中，媒體不僅讓我們知道週遭所發生的事情，甚至影響我們對於某些議題的價值判斷，任何人都應該學習如何透過媒體的力量，為個人及所處的組織做宣傳，使自己本身或組織在社會上取得有利的地位。就拿競選的過程來說，每一個候選人無不想盡辦法爭取在媒體上的曝光，以獲得免費的新聞宣傳，無論是塑造形象、陳述理念或是攻擊對手，只要是能在新聞上出現有利於候選人的報導，其效果往往比候選人自己花錢登廣告還來的有效。

　　然而，媒體記者不可能全靠本身的力量挖掘所有的新聞，很多新聞其實是由想爭取媒體曝光的一方所「製造」出來的。候選人能不能得到免費的新聞報導，取決於他或他的競選幕僚有沒有足夠的能力製造出媒體喜愛的新聞。當然，製造新聞的能力是可以學習的，其中最重要的部分，就是候選人必須清楚了解媒體對新聞產製的需求與運作常規，懂得如何和媒體記者打交道。

　　本書以 2004 年總統大選連宋陣營為研究個案，探討選舉過程當中，競選總部該如何有效的搶佔媒體版面。連宋競選總部為了能獲得媒體報導，特別設立專職的公關部門及人員，並且有一套決策及運作規則，包括每日舉行例行記者會、設定不同議題、發布新聞稿、與媒體維持良好的互動等等，這些在本書中都有完整的介紹。同時，本書作者特別訪談了六位在選舉時主跑藍營的媒體記者，找出所有會影響新聞發布成效的因素，由媒體記者提供改進建議，以供競選總部參考。因此，讀者讀

完本書之後,將可了解媒體記者對於競選總部新聞發布的需求,進而懂得如何有效獲得媒體的免費報導。

當然,本書所探討出來的這一套新聞發布的運作規則,也可以應用在政府、企業或其他非營利組織當中。即使選舉新聞和其他新聞的性質略有不同,但本書完整介紹一個組織(競選總部)新聞發布的運作規則,並且探討組織的新聞發布策略該如何擬定,才能最符合媒體的需要,讓組織所傳達的訊息能順利登上媒體版面,從某種程度看來,無論是什麼樣性質的組織在從事新聞發布工作,這些基本的道理是相通的。

本書屬於公共關係領域的書籍,國內目前介紹公共關係的書籍並不少,但大多為廣泛介紹公關領域中的政府關係、消費者關係、社區關係、員工關係的書籍,專門談論媒體關係的並不多,本書則專門對媒體關係進行探討。本書所探討的內容亦屬政治傳播領域中的一個主題,雖然媒體在選舉過程當中扮演的角色日趨重要,研究競選傳播策略的書籍也越來越多,但是類似的書籍都偏向於整體競選文宣策略、或是競選廣告策略方面,幾乎沒有書籍是專門研究總統大選候選人新聞發布工作,即使是有討論競選總部新聞發布的文章,也都只是競選文宣策略裡的一小章節,很少有專書對競選新聞發布工作進行大篇幅的全面討論。另外,討論選舉新聞發布的文獻,以立委選舉或縣市長選舉居多,沒有專門討論總統大選。不同層級的選舉新聞發布工作是有很大的差距。事實上,新聞發布工作做的好,就能獲得媒體免費的報導,不僅比競選廣告來的省錢,而且新聞報導比競選廣告的宣傳來的客觀,較容易獲得選民的採信,效果更好。本書對 2004 總統大選候選人新聞發布工作進行各個面向的研究,包括新聞發布決策機制、新聞發布內容、及競選

總部的媒體關係，希望能引起後續研究者對總統大選候選人新聞發布的興趣。

　　本書的順利完成，要感謝邱榮舉教授的悉心指導，以及李炳南教授、彭文正教授的諸多指正。同時，特別要感謝立法委員龐建國、邱秀珍夫婦多年來所給予的提攜愛護，兩人學養深厚，對我有諸多啟發，更讓我有機會參與這次的大選活動，得到難得的經驗和第一手的資料。最後，感謝所有本書的受訪對象，有了大家的時間與耐心，才有這麼多豐富的資料可供讀者參考。

葉元之　謹識於台北家中

民國九十三年八月十七日

目錄

圖錄

表錄

第一章　緒論

第一節　寫作動機、目的與問題陳述

一、動機

　　公共關係是現代組織一項不可或缺的管理功能，在當今社
會當中，有越來越多的組織設立專門的公關部門，設法透過多
樣的溝通策略與服務，協助組織在公眾面前建立良好的形象，
和不同的公眾維持良好的關係。其中，媒體公關是公共關係中
最重要的一項活動，因為大眾媒體可以影響大眾對組織的觀
感，一則對於組織的正面新聞報導，可拓展組織的知名度，等
於是免費的宣傳，組織的公關部門如果能善用新聞媒體的報
導，將可輕鬆達到維持形象的目的。

　　媒體公關在競選活動中所扮演的角色亦是如此。選舉是民
主社會最主要的活動之一，經由選舉的勝利，政黨或政治人物
可以取得政治權力的正當性，掌握政治資源，因此，每位候選
人無不在選舉期間使出渾身解數，投入大量的時間與精力，希
望能獲得選民的青睞，以在開票當天擊敗對手，達到當選的目
的。在激烈的選舉過程中，如果競選總部能夠擅用媒體公關，
亦可為候選人的勝選帶來正面的幫助。

　　尤其是新聞媒體在現今選戰過程中扮演的角色越來越為重
要，可以說今日的選舉活動，已經變成候選人、新聞媒介、及
選民三者間互動的一個過程（金溥聰，1997：4）。新聞媒體在
選舉當中對選舉議題的形成有重大的影響力，並且可以影響選

民對議題的認知，達到教育選民的功能。因此，候選人在選舉過程當中如能有效攻佔新聞媒體版面，並且使媒體報導對己方較有利的內容，將大大有助於選舉的勝利。

新聞媒體在各種不同層級的選舉當中，又以在總統大選中所扮演的角色最為重要，這是因為總統大選是最重要的選舉活動，總統候選人的一舉一動都會成為新聞媒體的焦點，新聞媒體在大選期間也會騰出大篇幅的版面報導選舉新聞；另外，總統選舉的選區最大，候選人不可能跑遍所有的鄉鎮，大多數的選民必須透過媒體所提供的資訊來決定投票的對象。

職是之故，候選人的競選總部通常會設立新聞發布單位，企圖達到媒體大幅報導的效果。尤其是在總統大選如此大規模的選舉當中，競選總部會將處理新聞發布的單位特別獨立出來，專職負責每日的新聞議題設定、媒體聯繫、及新聞稿的撰寫與發放等工作，藉由採取資訊津貼及製造「假事件」等方式，給予記者採訪上的方便，降低記者採訪上的成本，以增加媒體曝光的機會。

在過去的總統大選當中，新聞媒體通常大量引用候選人陣營作為消息來源（金溥聰，1997：2），記者甚至完全照候選人或競選總部發言人的說法撰寫新聞稿（梁任瑋，2001：35-39），或直接照抄各競選總部發布的新聞稿，可見競選總部若能有效掌握新聞發布的技巧與策略，確實能影響新聞媒體報導的內容。

2004 年 3 月 20 日所進行的總統大選，乃中華民國有史以來的第三次總統直選，共有民進黨的陳水扁及呂秀蓮，及國親聯盟的連戰與宋楚瑜兩組候選人參與選舉，是藍綠兩軍第一次大對決。由於過去兩次總統直選參選者均超過兩組人馬，在多組角逐的情況下，選民為了防堵最討厭的候選人當選，會捨棄心

中最喜歡的候選人，轉而支持當選機會較大且可以被自己接受的候選人，這就是所謂的棄保效應。相較以往兩次總統大選，本次選舉可以去除棄保效應因素，選民可以投給自己最喜愛的候選人，因此選情較為單純。

本次選舉是在中國國民黨第一次失去政權後，所進行的第一次總統大選。在上一次的總統選舉中，民進黨的陳水扁及呂秀蓮喊出「政黨輪替」、「換人換黨做做看」、「終結黑金政治」等口號，贏得相對多數選民的信賴，因而當選中華民國第二屆民選總統。在過去四年，民進黨第一次成為執政黨，也讓台灣人民第一次在民進黨執政下生活，這一次總統大選，等於是民眾對民進黨政府四年施政成效的檢驗。

國民黨在嚐到第一次失去政權的重大挫敗後，也開始一些黨內改革工作，包括為了洗刷黑金政黨之名，特別制定「排黑條款」，規定一審判刑有罪的人不得代表國民黨參選；將黨產交付信託，還產與民；實現黨內民主，進行黨主席直選等。以上這些改革是否獲得選民認同，也有待選民靠選票來回答。

3 月 20 日開票結果，陳呂的得票數為六百四十七萬一千九百七十票，得票率百分之五十點一一；國親聯盟提名的連戰與宋楚瑜得票數為六百四十四萬二千四百五十二票，得票率百分之四十九點八九。陳呂僅領先連宋二萬九千五百十八票，險勝零點二二個百分點。原本民調一直趨於領先地位的連宋因些微差距輸了選戰。

筆者之所以會選擇這個研究主題，除了媒體公關的重要性及對於這次總統大選的關注之外，更重要的是筆者於連宋全國競選總部成立之後，便進入競選總部新聞組工作，有機會觀察選前幾個月競選總部每日新聞發布的運作過程，所以選定連宋

全國競選總部為個案研究，用參與觀察的方式，分析及檢討連宋全國競選總部的新聞發布策略，以求得出一個有效的總統大選新聞發布機制，供未來從事相關工作及研究者參考。

二、目的

　　根據上一節的研究動機，本書是以 2004 年連宋競選總部為例，主要在探討公共關係在競選活動中的應用，以「總統大選競選總部的新聞發布策略」為主，其中包括下列幾點：

（一）探討競選總部的新聞發布運作機制

1. 競選組織層面（organization）

　　在總統大選當中，新聞發布單位及人員作為競選總部的對外窗口，其背後涉及一套運作機制，此機制將決定競選總部新聞發布的過程是否順利，以及所欲發布的新聞內容是否有效被媒體採納。

　　本書將探討競選總部新聞的產製及發布過程，包括競選總部如何決定一個新聞的發布、競選總部新聞發布者有哪些、競選總部新聞單位是如何運作、新聞記者會的準備過程、新聞稿的撰寫與發放、競選總部新聞聯絡人的角色及功能等等。

2. 競選總部人員與媒體的互動關係（communication）

　　大部分的記者與編輯認為對候選人的偏好會影響新聞的處理，而長期與消息來源（候選人或競選總部公關人員）的互動，多少會產生友善的情感（林瑜霜，2003），進而在報導時給予較正面的評價。

　　本書嘗試探討總統大選中，競選總部人員與記者的關係為何（包括候選人、發言人、競選幹部與新聞聯絡人），以及兩者互

動關係對記者新聞產製的影響。由於記者為競選總部第一線接觸的對象，因此研究對象僅鎖定在主跑藍營選舉新聞的記者。

（二）分析競選總部新聞發布內容（content）

自競選總部成立以來，競選總部每日均向媒體發布數則新聞稿，其中有包括陳述政見、攻擊對手、反駁批評、形象塑造、支持當選等主題，藉由分析競選總部發布之新聞稿內容，可了解在一場總統選舉當中，競選總部的競選策略為何？設定的新聞議題為哪些？最想藉由媒體讓選民吸收的資訊為何？新聞稿是否具有新聞價值？新聞稿的發布頻率為何？

三、問題陳述

新聞發布就是「以新聞稿件試圖吸引傳播媒體刊出或播出的過程」（Goff，1989：5），本書欲探討的問題，乃是在一場總統大選中，競選總部的新聞發布策略該如何擬定，才能最符合媒體的需要，以達到「資訊津貼」的效果，讓競選總部傳達的訊息順利登上媒體版面。

一個組織發布之新聞想要被媒體採用，取決於組織公關人員與新聞界之間的互動關係，以及發布之新聞內容必須符合「新聞」的定義（鄭貞銘，1995：195），因此本書探討的問題包含下列兩個面向：

（一）競選總部應如何運作，才能有助新聞發布工作的進行？（其中包含組織內部如何運作及組織人員如何與新聞媒體互動兩個層面）（how）

（二）競選總部新聞發布內容該符合哪些要素，才容易吸引新聞媒體報導？（what）

　　在研究問題的時間範圍方面，由於本書乃針對 2004 年連宋全國競選總部新聞發布進行探討，因此研究時間範圍定在連宋全國競選總部 2003 年 12 月 7 日成立之後，至 2004 年 3 月 20 日（選舉投票日）這段期間。

　　在研究問題的內涵範圍方面，由於在一場全國性的總統選舉當中，全國乃至於各縣市競選總部組織龐大，競選活動包羅萬象，各單位有時基於業務需要，必須各自對媒體發布新聞稿，各單位主管也經常逕自對媒體發言，但考量到代表性的問題，本文僅針對由連宋全國競選總部專職新聞單位（文宣部新聞組）所發布的新聞稿為研究對象，內容包括候選人在各地參加活動時的談話、競選總部發言人或選舉幹部在總部參加活動或舉行記者會時的談話、及競選總部的聲明稿等等。

第二節　研究途徑、架構及方法

一、研究途徑

　　所謂研究途徑，是指研究者在做研究時，從哪一層次出發、著眼、切入，來對研究對象進行觀察、歸納、分類與分析，基本上，是指選擇問題與相關資料的標準（陳德禹，2001：182）。

　　本書乃研究競選過程中，競選總部作為媒體的消息來源，如何透過新聞發布來影響媒體選舉新聞的報導，屬於消息來源的實證研究，這類研究分成以下兩個途徑（Schlesinger,1990；轉引自孫秀蕙，1997：237-238）：

（一）內部途徑

這部分的研究方法主要可分為：

1. 從外顯的（overt）消息來源行為來作詮釋。
2. 從媒體內部，如報導立場、篇幅等，來分析消息來源。
3. 從新聞工作人員與消息來源的互動來分析。

以上這些分析消息來源的方法，Schlesinger 認為太偏重媒體取向，只探討媒體如何組織資訊，難以探究消息來源真正的訊息策略。

（二）外部途徑

外部途徑強調傳播研究者從消息來源著手，分析消息來源如何接近媒體（access to the media），以及採用了哪些策略與技巧以接近媒體。（臧國仁，1999：157）這方面的資料可從記者的記憶回憶，公關稿與事件參與者等多元管道得到。（孫秀蕙，1997：238）

本書採消息來源的外部途徑，研究者本身即為連宋競選總部新聞聯絡人，為事件參與者；另外，研究者檢閱分析連宋全國競選總部發出的新聞稿件，以探究連宋總部新聞發布內容，並對採訪連宋總部的記者作深度訪談，據此檢討連宋競選總部新聞發布工作之優劣，尋出建議改進之道。

二、研究架構

新聞媒體對競選過程十分重要，本書之研究問題為「競選總部的新聞發布策略該如何擬定，才能最符合媒體的需要？」競選總部的新聞發布訊息若要有效登上媒體版面，從運作面來看，公關人員與媒體記者必須有良好的互動，同時，新聞發布

內容必須符合「新聞」的定義，因此，本書首先探討新聞發布
運作面及內容面的相關理論，繼而從競選總部（消息來源）的
角度出發，選擇連宋全國競選總部，介紹連宋全國競選總部公
關人員的運作機制（包括與記者的互動關係）及其新聞發布的
內容，然後就連宋競選總部新聞發布的運作面及內容面的策
略，針對採訪記者進行訪談，進行分析比較及檢討，以求得出
有效的新聞發布策略。（參考圖 1-2-1）

研究架構圖

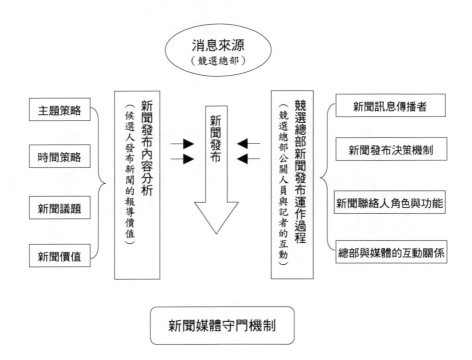

圖 1-2-1：研究架構圖

三、研究方法

研究方法（Method）是指用來蒐集與處理資料的方法，及進行的程序，基本上，主要是指作者針對所欲探討之主題與相關問題，擬如何進行蒐集和分析資料（邱榮舉，2001：35）。

本書主要採取的研究方法為參與觀察法（participant obser-vation）、內容分析法（content analysis）及深度訪談法。

（一）參與觀察法

參與觀察法，是指研究人員進入研究對象（subjects）的環境中，在一段時間之內與研究對象發生面對面的社會互動，以漸進、有系統的方式蒐集資料之科學的研究方法。（黃新生，1985：363-367）

關於「參與觀察法」的研究程序，依 Jorgensen（1989）的區隔大致可以分成八個步驟來進行之，包括(1)界定問題；(2)進入觀察環境；(3)在每天的生活中觀察；(4)發展與維持關係；(5)觀察並蒐集資料；(6)筆記、記錄和建立檔案；(7)分析與理論建構；(8)離開研究環境並討論結果。

在參與觀察法中，觀察者的角色定位分為局外觀察者（complete observation）、觀察者的參與（observer-as-participant）、參與者的觀察（participant-as-observer）及完全參與者（complete participant）四種類型（李亦園，1989）。局外觀察者採局外、客觀的態度，完全分離，但難得到機密的資料；其他三種則皆採局內、主觀的態度，只是彼此之間的差異在於涉入程度的不同。涉入程度高低依序為完全參與者、參與者的觀察、觀察者的參與。

在角色涉入上，本書作者保持「完全參與者」（complete participant）的涉入程度，作者本身為組織工作人員，但作者身

分在組織運作時並無暴露，被觀察對象對作者也充分信任，因此在作者的工作範圍內可以得到真實的第一手資料。雖然這種完全置身於被觀察者的研究方法，可能會有脫離原來研究角色的危險，但這種做法仍比置身其外獲益良多。

　　筆者於 2003 年六月國親聯盟決策平台剛成立時，即進入國親聯盟文宣組新聞小組工作。當 2003 年 12 月 7 日連宋全國競選總部在台北市八德路成立之後，筆者便專職擔任競選總部文宣部新聞組新聞聯絡人，除每週參與兩次文宣會議之外，每日負責競選總部記者會召開之準備、媒體記者之聯繫、新聞稿之撰寫與發送，因此，對於連宋全國競選總部新聞發布之運作流程有清楚之了解，並每日透過筆記與個人記憶，記下所有觀察與紀錄內容，以利未來加以彙整分析。

（二）內容分析法

　　內容分析是在分析明顯的傳播內容，用客觀系統的方法計量傳播之內容，並依據量化之資料，對傳播之內容作描述性的分析（祝基瀅，1983：153-161）。本書利用內容分析法，分析連宋全國競選總部新聞組所發布出的 350 篇新聞稿，探討新聞發布內容。

（三）深度訪談法

　　「深度訪談」是一向高度主觀的技術，就某種意義而言，是一種口頭問卷。受訪者不用填寫答案，而是與訪問者面對面，按自己的方式，用口頭回答被問及的問題，以提供所需的資料，故所謂「深度訪談法」，是指「針對研究問題，由訪員及受訪者做較具深度、較長時間的問答式討論，是一種比較不具結構，而讓受訪者有更大的自由，可以引導談話方向的詢問方式」（李

美華譯，Earl Babbie 著，1998）。

　　本書利用深度訪談法，針對競選總部人員及採訪連宋競選總部的線上記者進行訪談。受訪的媒體記者以平面媒體為主，電子媒體為輔，讓記者們評估連宋競選總部新聞發布的策略，並請記者們提出改良建議，以探求良好的候選人新聞發布策略。

第三節　本書章節之安排

　　本書針對「公共關係在競選活動中的應用」進行研究，並且以連宋全國競選總部新聞發布作實例分析，全文共分為七章，分為緒論、本論、及結論，各章重點及內容概述如下：

　　第一章：緒論。旨在闡述本文研究動機、目的及問題、研究途徑、研究架構、研究方法及本書之重點說明。

　　第二章：競選新聞發布的學科定位。本章旨在說明競選新聞發布在社會科學學科分類上概略的位置，以及它所探討的主要課題。（包含公共關係領域及政治傳播領域兩大部分）

　　第三章：競選新聞發布工作之理論基礎。本章先探討媒體的選舉新聞守門機制，進而了解媒體產製選舉新聞時的需要，繼而分別從新聞發布內容面及運作面，探討新聞發布的相關理論。在運作面上，探討公關人員與媒體互動之相關理論；在內容面上，則探討選舉新聞主題及策略、新聞價值及新聞稿寫作之相關理論。

　　第四章：連宋全國競選總部新聞發布運作。本章旨在說明連宋全國競選總部新聞發布運作過程，包括新聞訊息傳播成員、新聞發布決策流程、新聞聯絡人角色及功能、新聞稿的產製及發布方法、總部人員與媒體的互動關係等等。

　　第五章：連宋全國競選總部新聞發布內容分析。本章旨在分析連宋全國競選總部新聞發布內容，包括新聞發布主題策略、新聞發布時間策略、新聞議題、新聞價值等等。

　　第六章：連宋全國競選總部新聞發布工作總體評估。本章旨在檢討連宋全國競選總部的新聞發布策略應如何改進，才能有助競選總部新聞搶佔媒體版面。方法上是針對採訪記者進行深度訪談，請媒體記者以競選總部新聞發布的「消費者」的角色，作出批評與指正，看其優點與缺點為何，並請媒體記者指出需要改進之處，以求得出符合媒體需求的新聞發布模式。

　　第七章：結論與建議。本章旨在闡述研究發現、研究貢獻、研究限制及研究建議。針對本書所探討之新聞發布策略，進行比較及歸納，整理出符合媒體需求之總統大選新聞發布策略，以供日後總統大選新聞發布相關工作者及研究者參考。

第二章　競選新聞發布的學科定位

第一節　公共關係領域探討

一、公共關係的涵義

公共關係是二十世紀才出現的一門學科，最早發軔於美國，由 Edward Bernays 於 1923 年在紐約大學教授公共關係，才將公關概念系統化及理論化。公共關係是一門相當新的學問，學者迄今對公共關係沒有出現統一的定義，根據 Rex F. Horlow 閱覽各類公關書籍，發現公共關係的定義多達 472 種解釋，足見公共關係定義的分歧，此乃由於公共關係是由實務所累積成的一門學問，顯示公共關係業在不同時點、不同組織、及不同公關人員的運作下，展現出多元的風貌，每個公關人員對公共關係都有自己的詮釋。

Horlow 閱遍所有公關書籍後，將公共關係定義為：公共關係是一種獨特的管理功能，它有助於建立、維持組織與公眾之間相互溝通、接納和合作；涉入問題解決的管理工作；協助管理當局對民意的趨向、反應有所了解；認定管理當局應以公眾利益為己任；協助管理當局與環境變化保持一致，即是成為預知趨勢的早期預警系統，並使用各項研究及合乎倫理的溝通技術，做為主要工具。

國內研究公共關係的學者孫秀蕙（1997：4）將公共關係定義為「協助個人或（營利或非營利）組織，透過多樣且公開的溝通管道與溝通策略，與不同的公眾建立良好的關係。」其中

「公眾」包含任何公關工作所設定的目標對象，而且角色之間會互相重疊，例如員工、媒體記者、一般消費者、會員、投資人、社區民眾、及政府機關等。

另一學者臧國仁則在一本由公關實務界所編的「公關手冊」（1988：29）中，將公共關係定義為「公共關係就是溝通——是對不同組織團體溝通，以增進互相了解，從而減少摩擦，爭取最大『互利』。溝通包括對內溝通（如對員工、工會、股東、經銷商等），對外溝通（如對一般大眾、特殊群眾、社區民眾、政府機關等），對上溝通（如對董事會、股東大會），對下溝通（如對員工）等等。溝通的工作也包括與新聞界建立良好的關係，藉由新聞事件的報導以建立良好組織形象」。

由上述公共關係的定義來看，公共關係至少包涵下列三個要素：

1. 傳播者：公共關係中的傳播者，指的是公共關係的發動者，亦即哪些組織或個人要運用公關策略來和其他公眾維持好關係。譬如一家公司透過召開記者會來向消費者宣傳公司的產品，這家公司即為公共關係的傳播者。

2. 溝通管道與溝通策略：指傳播者和其他公眾維持好關係所使用的方法及策略，上述例子中的「召開記者會」即為這家公司與消費者溝通所運用的管道與方法。

3. 受眾：即公共關係傳播者想維持良好關係的對象，譬如員工、媒體記者、一般消費者、會員、投資人、社區民眾、及政府機關等。

二、公共關係的活動

公共關係的定義之所以有數百種，是因為公共關係活動的樣貌非常多元。熟悉公共關係的活動，將對公共關係的內涵有

更進一步的了解。美國公共關係協會（the public Relation Society of America）提出十四種和公共關係運作相關的活動：

1. 新聞發布（publicity）；
2. 溝通（communication）；
3. 公眾事務（public affairs）；
4. 議題管理（issues management）；
5. 政府關係（government relations）；
6. 財務的公共關係（financial public relations）；
7. 社區關係（community relations）；
8. 產業關係（industry relations）；
9. 弱勢族群關係（minority relations）；
10.廣告（advertising）；
11.新聞代理（press agency）；
12.促銷（promotion）；
13.媒體關係（media relations）；
14.宣傳（propaganda）。（彭懷恩，2003：163）

三、公共關係與新聞發布

　　在上數眾多公共關係的活動當中，「新聞發布」為傳播者與受眾溝通最重要的方法之一。Wilcox、Ault & Agree（1989）認為，公共關係從業人員使用的業務工具，發布新聞是最常用的，這主要是一種寫作工作，就是把新聞發送給新聞媒體，供他們刊出或廣播。接到這些新聞稿的文字與廣播媒體的記者，通常是根據這些新聞稿的內容是否能引起讀者的興趣，和是否配合當時的新聞時效，來決定是否加以採用，有時會看新聞的形式是否符合媒體的風格。

　　「新聞發布」與「媒體關係」為相同性質的公關活動，新聞發布的對象是媒體，與媒體維持良好的關係則有助於新聞發布的進行，兩者的目的都是希望媒體能刊登有利組織的新聞。Wragg（1992）認為，媒體關係是公共關係最重要的層面之一，媒體是訊息的第一個觀眾，訊息被一般大眾接收，全靠媒體的管道。此外，媒體關係的價值在於公共關係所產生的媒體報導成本相當低，也較廣告或其他促銷活動更能受到公眾的注意。

四、理想的公關運作模式

　　公共關係學者 James Grunig 為了建構出一個理想（且有效）的公關運作模式，特以功能性的角度為出發點，將目前公共關係實務運作分為四種模式：

（一）新聞代理（Press Agentry / Publicity）模式

　　主要在利用造勢活動吸引媒體報導，讓閱聽人或消費者片面知曉某產品或訊息，並沒有回饋管道（彭懷恩，2003：264）。此種模式以單向溝通為主，以宣傳為目的，所傳遞的訊息通常誇大聳動，或是半真半假（新聞代理模式常衍生公關道德問題）（孫秀蕙，1997：68）。

（二）公共資訊（Public Information）模式

　　仍以單向傳播為主，透過對外資訊的傳布，告知大眾訊息。與前一模式不同的是，資訊本身是客觀而非虛擬或誇大（彭懷恩，2003：264）。這種模式極為常見，約佔總公關工作的 50%（孫秀蕙，1997：69）。

（三）雙向不對等模式

此種模式以雙向溝通為主，以說服為主要目的。擬定說服策略之前，資訊傳遞者（公關人員）會先蒐集資訊接收者（公眾）的意見或態度，但用意在提高宣傳的效果，而非順應民意（彭懷恩，2003：264）。

（四）雙向對等模式

此主模式以雙向溝通為主，目的在達成組織與公眾的互相了解，以達成共識，而溝通的結果是互蒙其利。

Grunig 認為，一個好的公關模式，除了「實際表現」要突出之外，也要滿足「道德」的要求，他認為新聞代理模式及公共資訊模式過於強調新聞報導，只是單向的訊息傳輸，充其量只是一種技藝（craft）（彭懷恩，2003：365），然而公共關係的運作，應該是尊重對方的權益，不以功利動機為出發點，目標在增進彼此的了解，才能維持公關效果的長期穩定性。此外，以道德性的觀點來看，雙向對等溝通不蓄意操控閱聽人，最符合公關的道德性（孫秀蕙，1997：74-75）。

不過，Dozier 發現，公關實務界以「公共資訊」模式為主要的工作重心，例如資訊的準備與散布、準備記者會或採訪事宜等（孫秀蕙，1997：78）。

五、本節小結與檢討

新聞發布是公共關係的重要活動之一，它的目的是協助組織或個人和其他的公眾維持好的關係。組織或個人新聞發布的主要對象為媒體，媒體關係亦是公共關係重要的活動，因此，新聞發布若要達到目的，媒體關係亦要相當注意。

　　新聞發布包含 Grunig 四個公關模式中的新聞代理模式及公共資訊模式。雖然 Grunig 認為新聞發布偏重單向傳播且不重公關道德，不為有效的公關模式，不過以目前主要的公關活動來看，新聞發布為目前公關實務界主要的工作重心。

　　新聞代理在各團體的公共關係活動中扮演著重要的角色，工作非常簡單，就是創造有新聞價值的事件，將委託人的名字躍然報紙上。以建立知名度和吸引廣大民眾為目的的新聞代理還進入了政治競選活動中（Cutlip,1991：23-25）。

　　若以選舉新聞發布的角度來看，候選人為了在短期內吸引選民的注意，傳達有利於己的訊息，以達到勝選的目標，實不需顧及所發布的訊息是否誇大不實或不符合公關道德。資深記者梁任瑋（2001：36）就認為，選戰新聞的傳統盲點是媒體缺乏主動挖掘新聞的能力，通常完全照當事人的說法撰寫新聞稿，並不經進一步的查證；胡幼偉也指出，競選期間候選人多半會發動各種公關活動，吸引媒體注意及報導，記者明知這類活動只是所謂「假事件」，但在傳統新聞價值的制約下，仍會為候選人做免費宣傳（梁任瑋，2001：37）。因此，以選舉新聞的特性來看，雖然 Grunig 認為新聞發布不為理想的公關模式，但為了勝選，選舉新聞發布仍是相當有效。

第二節　政治傳播領域探討

一、政治傳播與競選新聞發布

　　政治傳播發源於 Lesswell（1947）所提出的傳播模式，亦即傳播包含五個要素，分別是傳播者（候選人、黨部、專業公關

人員）、訊息（宣傳內容）、媒介（電視、報紙、傳單等）、受播
者（選民）及效果（認知、情感及評價）。

Brian McNair（1996）將政治傳播定義為：「關於政治有目
的之傳播，包括政治人物和政治行為者達到特定目的所採取的
各種形式的傳播，選民和專欄作家等非政治人物對政治人物所
做的傳播，媒體有關政治人物及活動的報導、評論等的傳播」（彭
懷恩，2003：2）。

政治傳播是一門年輕的學問，但已成為傳播研究中很重要的
一部份，光八〇年代的重要論文就已經超過六百多篇，其中包括
競選傳播、政治廣告、政治辯論、政治新聞、政府與媒體關係、
政治語言（符號）、政治態度與民意、政治社會化、政治參與等
各種研究（彭懷恩，2003：3）。由於本書乃針對 2004 年總統大
選競選總部新聞發布進行研究，因此屬於競選傳播之範疇。

競選傳播屬於政治傳播領域中的重要主題，重視民主國家
競選過程中的傳播現象，包含偏向理論的傳播與競選關係、政
治競選中的傳播功能、傳播風格與競選策略、競選傳播的大眾
媒體通道、政治廣告的傳播風格與功能；實踐面的競選活動的
公開演說、如何面對媒體、政治辯論、競選中的人際關係、及
政治競選廣告的製作等。

綜上所述，本書探討競選總部如何有效藉由新聞發布攻佔
媒體版面，應屬政治傳播領域中的競選傳播，並屬於實踐面上
的研究。以 Lesswell 的傳播模式來看，本書探討的主題屬於傳
播者如何使用傳播媒介及管道傳達訊息，並未觸及受播者及傳
播效果的部分。

二、關於競選新聞發布之文獻探討

（一）競選新聞發布文獻摘要

純以研究臺灣選舉新聞發布的文獻，有鄭自隆的「1995 年三屆立法委員選舉三黨新聞發布策略分析」及陳柏州的「候選人競選新聞發布策略分析——2001 年宜蘭縣立法委員選舉個案研究」。

鄭自隆的「1995 年三屆立法委員選舉三黨新聞發布策略分析」，是以內容分析法和二手資料分析法，探討 1995 年台灣立法委員選舉時，國民黨、民進黨、及新黨的新聞發布策略，研究內容包括訊息策略與時間表策略。

鄭自隆（1997：131-157）發現，國民黨的新聞稿格式一致，內容符合寫作要求，但整體新聞價值偏低，而且以攻擊對手為主要內容，同時發布則數少，是三黨新聞稿量最低者；民進黨新聞稿格式零亂，但其主題展現以正面居多；新黨新聞量多稿長，也善於掌握新聞價值，但新聞格式零亂，內容同樣以攻擊對手為主。此外，三黨均視事件發布新聞，並未因越近投票日而越加強新聞發布，可以看出沒有時間表策略考量。

陳柏州（2002）研究 2001 年宜蘭縣立法委員選舉，發現：

1. 在發布選舉新聞的角色與功能上，應符合競選組織及候選人利益；在短期競選活動中，新聞聯絡人較難與媒體建立共生關係；候選人新聞稿題材來自廣泛資料蒐集，不宜急就章；新聞聯絡人宜運用新科技器材輔助發布新聞稿達到效率要求。

2. 候選人發布新聞稿內容訊息上，應依照各候選人需求決定新聞主題，新人與尋求連任者之間不同角色，是影響新聞稿內容主要原因；而所有候選人所發布的新聞稿，提綱挈領的正寫為主要撰寫

模式，並以花絮簡訊為輔。

3. 候選人競選新聞的發布決策，應依選戰期間的推展來變換不同新聞稿主題訴求；對於媒體的守門機制，新聞聯絡人都有充分認知，透過媒體守門機制，候選人新聞報導才能取得客觀性，較具說服力；而記者的自主權與編輯的裁量權都是守門機制的一環，為了通過媒體守門機制，假事件充分被候選人運用在選戰的活動與造勢上。

（二）檢討與比較

1. 就研究主題上，鄭自隆與陳柏州主要是針對立法委員選舉時的競選新聞發布策略進行研究，不過總統大選和立法委員選舉之競選新聞發布策略仍有差異，譬如陳柏州提到，立委選舉的新聞聯絡人較難與媒體建立共生關係，但在總統大選時，競選總部新聞聯絡人即為原本黨的新聞聯絡人或是立法委員，與新聞媒體原本就很熟；另外，總統候選人原本就具有全國知名度，因此新聞發布策略也不須像立委候選人為了搶知名度，故意走極端路線。

2. 就研究方法上，鄭自隆採內容分析法及二手資料分析法，陳柏州則採內容分析法及深度訪談法。由於新聞發布為　動態過程，若採內容分析法或深度訪談法，難免會因資料取得的困難，因而使研究對象失真。

第三章　競選新聞發布工作之理論基礎

　　本章旨在介紹競選新聞發布工作之理論基礎。本章共分三節，第一節介紹選舉新聞的產製過程，以及消息來源在新聞產製中扮演的角色；第二節介紹消息來源與媒體記者的互動關係，以及兩者互動關係對新聞產製的影響；第三節介紹選舉新聞內容的相關研究，包括選舉新聞主題、選舉新聞價值及新聞公關稿的寫作原理。

第一節　選舉新聞的產製

　　新聞內容的產製是由新聞媒體和消息來源共同建構的現實，也是兩者互相協商的結果，雙方對新聞內容都有影響力。（Schlesinger,1990）本節將分別就媒體的守門行為及消息來源兩個層面，對新聞產製的影響做介紹。

一、媒體的守門行為

　　競選總部新聞發布的目的，是候選人企圖透過媒體，提供政治訊息給選民，以影響選民的投票態度，而媒體則扮演守門人的角色去篩選這些競選總部所發布的新聞，也就是說，一則競選總部所發布的新聞，最後能不能成為媒體報導的選舉新聞，中間有許多關口，這種把關的機制稱為媒體的守門行為。把守這些關口的新聞從業人員在新聞學上則稱為「守門人」（gatekeeper），在新聞製作的過程中，每個曾經參與意見和行動的人，都可以算是新聞的守門人。了解媒體的選舉守門行為及

守門人的工作規範,將有助於競選總部發布的新聞順利被各媒
體報導。

「守門」(gatekeeping)行為的研究最早由社會心理學家
Lewin（1947）所提出。他指出,任何訊息的流通,必須遵循某
些通道才能成為新聞,在這些通道中設有重重的關卡,由守門
人來把關,因此,一個事件能否成為新聞報導的焦點,均取決
於守門人的決定。

自 1950 年代以後,守門人理論持續受到新聞學者的重視,
如 Westley & Mclean（1957）提出 ABX 模式,指稱一般社會事
件大都透過消息來源發出,經大眾媒體(守門人)篩選節錄
後,成為一般閱聽大眾關心的社會話題。(臧國仁,1999：77)。

Gieber（1964：174）在研究記者與政府官員的關係時,發
現團體或朋儕對編輯的取捨新聞有壓力存在,因此他對「守門
人」採取了更廣泛的定義:與整個新聞蒐集系統或訊息流通有
關的人,都可以稱為「守門人」,其中包括記者、編輯、讀者、
及訊息提供者(消息來源)。

Bass（1969：72）在描述守門行為時,將新聞產製的過程分
為「新聞蒐集」(news gathering)和「新聞處理」(news processing)
兩個階段。第一個階段發生於新聞採訪者(news gathers)(如記
者、作家)將「未加工新聞」(raw news)(如事件、記者會、公
關稿)變成新聞稿(news copy); 第二階段則發生在新聞處理
者(news processors)(如編輯、校對、譯者)依據第一階段的
新聞稿,修正和合併各項消息成為「完成的產品」(completed
product)。

記者算是媒體內部執行新聞製作的第一個守門人,他可以
根據他的專業理念和職業判斷,對新聞事件做某種程度的取

捨，他可以小題大作，也可以大題小作。而記者寫好的稿子，還要經過媒體內部其他新聞工作者的審核、過濾，這些人包括記者的直屬長官、編審、編輯、製作人、編採主管或媒體的負責人等等。（曾萬，1993：20）依據這個流程，競選總部召開記者會或發布新聞稿後，主跑競選總部的記者是第一個守門人，他可以決定是否要報導這則新聞、報導篇幅的大小、及報導的角度，然後寫成新聞稿後再由編輯來取捨、修改和增刪。

Shoemaker（1991：4）將守門問題歸納為五個分析層次，一為個人層次（如個人特質、角色期望、工作型態）；二為新聞工作常規層次（指傳播者重複出現的工作模式，如新聞價值、客觀、平衡報導、倒寶塔式寫作等）；三為組織層次（如組織的特徵、社會化）；四為非媒介因素層次（如消息來源、受眾、市場、廣告主、政府、公共關係等）；五為社會系統層次（如文化、意識形態）。

新聞產製的過程中，上述五個層次的守門行為，都會影響一則競選總部所發出的新聞最後在媒體上所呈現的面貌，因此，競選總部在從事新聞發布工作時，必須熟知媒體的守門特性，才有助於新聞發布工作的進行。

在選舉新聞的守門行為研究方面，陳柏州（2002：127）研究宜蘭縣立委選舉的媒體守門行為時，發現採訪記者篩選競選總部新聞稿的原則，是根據他們個人的經驗、專業判斷，而這些判斷與經驗的標準則是平衡要求、客觀立場、兼顧法律責任，並非來自報社的要求、限制或規定。

本書是從競選總部影響媒體守門行為的角度切入，故排除競選總部無法掌控之因素，純粹探討競選總部可以著力之處，故僅討論 Shoemaker 歸納的五個分析層次中的個人層次（譬如

記者個人專業理念及背景，將在第二節說明）及新聞工作常規層次（譬如新聞價值、倒寶塔式寫作，將在第三節說明），至於媒體組織的立場、政府對媒體的控制、及社會體系意識形態等守門課題，則不是本書討論的重點。

二、消息來源

　　一個記者不能單憑自己跑新聞，他必須尋找每天可以提供他有新聞價值的正式管道。（Sigal,1973）就選舉新聞來說，記者的消息來源為候選人及競選總部人員。

（一）消息來源的定義

　　消息來源的定義過去未見統一，國內外的研究對消息來源看法不一，但大致上，早期的學術研究者以「官方」與「非官方」作為消息來源的分類的準則。首先，Atwatr & Fico（1986）將消息來源分為「印刷文件」（官方檔案或新聞稿）、「活動來源」（如記者會）、「個人來源」（專家或政府官員）三類。Strentz（1989）則將消息來源分為「傳統」和「非傳統」兩類，前者指記者透過傳統採訪方式（如採訪路線、公關人員、記者會、或公共資料等取得的資訊），後者則是以比較不尋常之接近方式取得資訊，例如準確性新聞報導、少數民族團體、或甚至恐怖組織。（臧國仁，1999：161）

　　國內方面，鄭瑞城（1991：81）整理 1988 年至 1991 年國內有消息來源系列研究，提出消息來源的綜合定義如下：

　　「廣義的消息來源」，泛指能作為新聞素材的任何資料。這些資料是新聞工作者透過人物訪問、蒐集之文件和觀察所得，其中，人物訪問是最常運用，也是最重要的新聞來源，所

以「狹義的新聞來源」單指「人物」而言。

新聞來源人物依其角色又可分為當事人（undertaker）、舉事人（promoter）與評論人（commentator）。在整個新聞製造過程中，消息來源人物是原始守門人（primary gatekeeper），他們最常藉近用媒介的機會，篩選、宣揚與自己有利的資訊。

本書視消息來源為社會行動之競爭者，彼此競相在媒介論域中爭取言說論述的主控權。這些競爭者各自透過組織文化動員資源與人力，試圖接近媒介，爭取其接納論點。在競選活動的過程中，不同陣營的競選總部即屬社會行動的競爭者。

（二）消息來源的組織

消息來源的確在新聞產製的過程中扮演重要的角色，消息來源越具有組織規模（institutionalized）、財力越豐富、以及公信力越好，對於新聞媒體的影響越大。（Schlesinger,1990）。

根據 Schlesinger（1989 & 1990），消息來源欲發展完善的媒體訊息策略，至少需要三種資源（孫秀蕙，1997：234-235）：

1. 組織制度化的程度（degree of institutionalization）：所謂制度化程度，包括兩個面向的含意，一是指該組織內部制度的分工與協調程度完善與否，一是指該組織長期累積的資源與佔據的社會位置。

2. 財務基礎：如果以經濟學的觀點來衡量消息來源與媒體的互動，則消息來源提供資訊津貼（information subsidy）的能力因素不容忽視。（Gandy, 1982）「資訊津貼」是消息來源藉著降低記者蒐集資訊所需的時間及成本，譬如供應新聞稿、讀者投書、或相關背景資料，來達到接近媒體的目的，它為消息來源企圖形塑新聞的方式。

3. 文化資本（cultural capital）：文化資本意指在社會互動關係中，行動者開拓溝通對話的「智慧場域」的能力。如果將「文化資本」的概念運用在消息來源的溝通策略，則「文化資本」應能為該組織鞏固既有的合法地位、權威感與可信度。

　　以 Schlesinger 的觀點來說，在總統大選的競選過程中，競選總部作為一個消息來源，若想有效達到搶佔媒體版面的目的，首先必須設有獨立的新聞發布單位，該單位的人員在新聞發布作業上有良好的分工；其次，新聞發布單位擁有充沛的預算及人力，可以與記者保持良好的關係，並且經常提供記者「資訊津貼」；最後，競選總部必須擁有良好的政策規劃或揭發對手弊案的能力，將這些能力當作是自己的「文化資本」。

（三）消息來源影響媒體的方法---假事件與新聞發布

　　消息來源大部分時間不是靜待新聞媒體前來採訪，而是製造各種「假事件」吸引或爭取記者的採訪，並主動積極的發布新聞公關稿，降低記者採訪的成本，以影響新聞內容的產製。

1. 假事件

　　　在公關的運作上，消息來源經常設計策劃「假事件」來吸引媒體的報導。所謂「假事件」（Psuedo-events），乃指一事件並非偶然發生，而是經由設計及策劃而產生，目的是為了引起新聞媒介的注意。（Shoemaker & Reese,1991）這些新聞事件是經過設計且刻意製造出來的，如果不經過設計，則不會發生。（Boorstin,1961）例如，一家餐廳慶祝開張週年，原本是極為平常的事，但餐廳老闆如果請來明星表演，並且舉辦有趣的比賽，然後邀請記者來採訪，這便會使週年紀念這件事變的與眾不同，成為新聞報導的內容。

　　假事件混合了許多似真非真的事實，公關人員把這些「事實」夾雜在要促銷的訴求中，藉以襯托事件的主要訴求，所以有時候，假事件比自發性的真新聞還要吸引人。這些假事件常是深諳媒體特性和記者心理的人所創造出來的。（曾萬，1993：108）

　　創造出來的新聞，大致有以下幾點特徵：（曾萬，1993：108）

　　第一、它不是自發性的，是有計畫的、煽動的、預先佈置好的。

　　第二、它的發起人，不必然是個人或團體，有時是個人發起，有時候是社團策劃，其中不少是由專業的公關人員所策動的。

　　第三、既是創造的新聞，發起人只問有無新聞價值，不問有沒有真實性。

　　第四、它可能有趣、聳人聽聞、而不完全符合事實，但是它卻具有的新聞價值。

　　第五、在強力公關的巧妙設計之下，這種新聞經常弄假成真，變成話題，達到了宣傳的目的。

　　創造新聞的要領則包括下列六點：（曾萬，1993：109-116）

　　第一、要以新聞價值來包裝：媒體需要的是新聞，越具有新聞價值的新聞，越能吸引媒體的注意。（新聞價值的類型將於本章第三節介紹）。

　　第二、要提供適合媒體報導的條件：沒有畫面的座談，電視媒體不會感興趣；主題分散、乏味的活動，平面媒體不太可能加以報導。

　　第三、要能掌握時代的脈動：大眾傳播是一面鏡子，它的內容反應社會的文化及價值，因此，要掌握新聞報導，就要瞭解社會的變遷，掌握時代的脈動。搭新聞話題的便車是創造新聞很好的方法。

　　第四、要有創見和遠見：要吸引媒體的注意，一定要與眾不同。標新立異、駭人聽聞的事情，就是新聞。

　　第五、設法在新聞淡季中脫穎而出：新聞淡季通常發生在缺乏爭議性、影響性事件的時候，所以這個時候「假事件」比較容易被報導。

　　第六、運用公關專才主動出擊：和新聞界打交道是一件既繁瑣又專業的工作。媒體的特性、新聞市場的趨勢都需要經過深入的分析才能了解，所以創造新聞的工作，應該交給專業的公關人員來做。

　　選戰的過程充滿了競選總部所製造的「假事件」，候選人在選戰中為了吸引媒體的報導，競選總部會不斷的設計各種活動吸引媒體的注意，譬如舉行例行記者會、每晚在各地舉辦大型造勢晚會、到對方競選總部踢館、到地檢署按鈴控告對手陣營不實抹黑等等。這些事件均是經由競選總部策劃及設計，並非自然發生。

2. 發布新聞稿

　　新聞發布（publicity）就是「以新聞稿件試圖吸引傳播媒體刊出或播出的過程」，有時也以非新聞形式，如傳單、海報、展覽宣傳等。新聞發布是公共關係活動當中極為重要的一環，但並非公關概念的唯一行動。（Goff,1989：5）就一般組織而言，新聞稿可以說是最主要的宣傳形式之一。（孫秀慧, 1997：142）

　　發布新聞稿屬於「資訊津貼」的一種類型。Gandy（1982）指出，由消息來源所提供的新聞資料屬於一種經濟行為，是消息來源以「最少成本付出原則」（rule of least effort），提供給新聞工作者立即可使用的資訊。發布新聞稿可以直接降低記者的採訪成本，同時也提高採訪的便利性，並幫助媒體投資人追求利潤極大化。

　　常見的消息來源「資訊津貼」的種類，包括新聞稿（news release）、會議通知（meeting announcements）、雜誌（magazines）、時事通訊（newsletter）、說明書（brochures）、新聞資料袋（press kit）、邀請函（invitations）、錄影帶（videotape）等等。

　　就發布新聞稿的效果而言，Cutlip（1954）發現，新聞報導中有三分之一取自公關稿件。Turow（1989）引述之資料顯示，《華爾街日報》在單日新聞中有 53 篇來自公關稿，其中有 32 篇一字未改。Sigal（1973）調查取自《紐約時報》與《華盛頓郵報》頭版的 1,200 則新聞，發現 58.2% 來自政府機關的資料發佈（包括官方文件、公關稿、記者會、或其它主動查獲的事件），只有 25.8%係由記者主動調查訪問取得。Cameron（1997）則發現，公關對新聞媒體的影響力約在 25-50% 之間，有時會高至 80%。（陳憶寧，2003：46）

　　採取「雙向溝通」方式與新聞媒體溝通，可能大於傳統宣傳模式的做法。Van Turk（1986：25）研究美國路易士安那州政府部門發送新聞稿件的成效時發現，新聞發布內容越無說服意圖，見報率反而越高。另外，記者主動要求的資訊，上報率較消息來源主動提供者為高，顯示公關人員採用回應式的資訊津貼可能較容易獲得記者信服。

　　新聞發布的內容來源，譬如消息來源所召開記者會、舉行活動等，則屬消息來源所製造的「假事件」。

第二節　消息來源與記者的互動關係

一、消息來源與記者的互動模式

消息來源與記者的互動模式，依國內外學者所做的不同研究，大致可分為下列四種類型：（孫秀惠，1997：83-84）

（一）對立關係

對立關係是指新聞記者與消息來源的關係處於對立、抗衡狀態，角色認知和價值觀也不同，雙方很少進行訊息溝通，各自獨立。（Gieber & Johnson,1961）對立關係的另一層意義，是指記者與消息來源互動時以各自的利益為重，故當記者與消息來源因對方的舉動無法達成各自的目的時，便演變成對立關係。（喻靖媛，1994）不過，Sanders & Kaid（1978）指出，這種對立抗衡的模式實際運用的層面過窄，因為此模式忽略記者每天需要與消息來源維持一定關係的事實，及新聞是透過記者與消息來源互動的結果。

（二）共生（利益合作）關係

共生關係乃指記者與消息來源（公關人員）之間為了彼此的利益而合作，互賴、互依且相依為命，如國會議員（消息來源）藉由舉辦公聽會的的方式，不但提高自己的聲望，也讓記者有新聞可寫；另一方面，記者幫助議員撰寫質詢稿，不但幫助國會議員增加問政機會，也讓自己有第一手新聞報導內容。Davison（1975）是首先運用「共生」（symbiosis）模式分析記者與消息來源之間的互動。所謂「共生關係」（symbiosis relationship），字典定義是指「兩個不同個體發展互相有利的關係」。

Davison 以駐在巴黎、倫敦等地的外交官與新聞特派員為研究對象，結果發現，對外交官而言，新聞特派員是將資訊傳回國內的必要通道，又因為特派記者經常與大使館人員或其他國家外交人員交換資訊，使得外交官反而從記者身上獲得更多資訊。因此，兩者的互動基本上是以互利、互賴為基礎。Cook（1989）也曾觀察新聞記者與國會議員的互動，研究發現新聞是記者與議員之間一再妥協的結果，這種互動關係會不斷地調整和改變。議員的質詢可以隨時為了應付記者的需要而改變，而記者也會不斷視「外界」的反映而改變對新聞的定義。

（三）同化關係

同化關係指記者或消息來源雙方的參考網路已經被結合在一起，或是說一方已被另一方「征服」（take over），兩者之間不復存在獨立性，而且對彼此工作角色的認知是極為相似的。（Gieber & Johnson,1961）此種模式可以敘述成記者成為政治人物或其他機構的「傀儡」；相對消息來源也可能被報社「俘虜」。以選舉過程中媒體經常被批評為候選人的傳聲筒來看，此種關係模式經常發生在選戰當中。

（四）交換關係

交換關係強調記者與消息來源間成本與報酬的交換概念。McManus（1995）討論消息來源與新聞媒體的互動關係，立基於兩造之間的「交換模式」。McManus 認為消息來源與媒體合作的目的，乃在於藉此接近潛在大眾。消息來源透過對自己有利的報導、或長時間累積之大量報導，或在有聲望的媒體出現之有公信力報導，或甚至是為數較少之負面報導，得以建立與公眾或消費者接近的機會。

二、影響消息來源與記者關係的因素

（一）時間

　　Hulteng（1976）認為，記者被指派採訪同一路線或同一消息來源越久，顯然越容易挖到隱藏的獨家新聞，隨著交往時間的增長，記者與消息來源之間的認同度也會相對增加；Morrison & Tumber（1994）觀察記者採訪福克蘭群島之役，發現「環境控制」（environmental dominance）的現象。記者與士兵長期的相處，使得記者的立場逐漸被環境所支配，甚至在報導字彙的運用也被這些士兵影響，這個發現和「同化模式」相似（轉引自張心宇，2002：21）。

　　讓記者深入路線建立關係，是媒體組織設置路線的主要目標之一，但長久以後常使記者與路線難捨難分：一方面記者成為路線中的圈內人，發掘許多外人難以得知的訊息，但另一方面記者又涉入太深，以致處處以圈內人自居，反而不願（或無法）再深入探尋問題，以免得罪消息來源。（臧國仁，1999：82）

　　在不同層級的選舉中，由於競選時間的長短不一，亦會造成競選總部（消息來源）與記者間不同的互動模式。譬如在 2002年台北市長選舉過程中，記者因為長期與候選人或競選總部的人相處，產生情感上的互動，尤其在選戰後期，由於是貼身採訪，必須全天候跟隨候選人，因此對候選人產生情感是難免的，甚至私底下看到某些文宣，也會善意的提醒，或是寫個特稿「點」他。（林瑜霜，2002：88）但在立委層級的選舉，譬如 2001 年宜蘭縣立委選舉，因為競選期間過短，新聞聯絡人無法與媒體建立起長期信賴的「共生關係」。（陳柏州，2002：58）。

（二）記者個人的專業理念及背景

　　記者個人的專業理念，也會影響他與消息來源的互動關係。新聞專業理念指的是記者對於新聞報導所持的態度，Wilhoit（1986）的三分法較為精細，他將記者分為「資訊傳佈者」（information dissemination role）、「解釋者」（interpretative role）、「對立者」（adversary role）：（轉引自田志剛，2001，13-16）

1. 資訊傳佈者（information dissemination role）

　　　這一類型的記者強調客觀，尤其努力在新聞報導中力求客觀，其目的是將資訊傳達給閱聽眾，讓閱聽眾自己做判斷。他們有共同的價值感、速度、堅持事實蒐集與求証，而且重視傳統的倒金字塔新聞寫作方式。

2. 解釋者（interpretative role）

　　　解釋者角色的理念認為，許多新聞事件的性質相當複雜，如果沒有明顯陳述新聞的意義，閱聽眾將無法體會出其重要性，所以記者應該對事實加以分析，或是陳述個人的意見。解釋者認為，媒介的主要任務就是守望環境和連繫環境的各部門，記者的角色不只是呈現事實而已，還要揭發全部的事實，盡全力尋求相關的新聞，做深入的報導，「關聯性」是其追求的主要新聞價值。

3. 對立者（adversary role）

　　　「對立者」要比「解釋者」更積極參與決策的過程，「對立者」的角色是基於報業為政府第四部門的傳統觀念。解釋者強調，記者可以陳述自己的意見，但並非將自己的意見強加給讀者，這正是解釋者與對立者之間，最大的不同之處（Weaver & Wilhoit,1986）。

舉例來說，對立者會比資訊傳佈者更容易與消息來源產生緊張的關係，因為對立者基於監督政府的立場，必定為盡力挖掘政府部門不願意曝光的消息，因而與政府部門產生緊張的關係。

新聞記者的意識型態亦會影響記者與消息來源的互動關係。在選舉的過程中，若新聞記者本身意識型態偏向其主跑的競選總部，而他又不能堅守資訊傳佈者中立客觀的理念，則有可能報導出立場偏向競選總部的新聞，遭競選總部「同化」；反之，若新聞記者的意識型態與主跑的競選總部不同，則有可能處處與競選總部「對立」。

（三）宣傳的需求程度不同

宣傳的需求程度不同，新聞記者與消息來源的互動模式也就會有所差異。例如以國會議員來說，因為議員本身的連任需要、議會行政作業較為公開、及對內部的資訊管制較為寬鬆等因素，議會中消息來源與記者間的生態關係，就不同於一般行政機關。

（四）利益的供給及需求

記者的工作是報導新聞，因此會盡全力挖掘出大家不知道的消息，而消息來源通常只願意提供記者有利於消息來源的消息，因此，如果雙方利益的需求及供給獲得互補及平衡，雙方就可以維持良好的互動，但如果一方有能力供給，卻不願意提供這項供給，以致另一方的需求無法獲得滿足，消息來源與新聞記者之間的衝突就會產生。（王旭，1998：4）

第三節　選舉新聞發布內容相關研究

　　新聞學界與實務界大多將「新聞」定義為新聞媒體所產製的成品，而影響此一產製過程的主要因素，分別為新聞工作者對事件的判斷（或稱新聞價值）與新聞組織內部對產製過程所進行的控制（即新聞常規）。新聞工作者以自己認定的新聞價值，以及組織提供的工作規範，將新聞素材加以選擇、刪減、調製、綜合，成為新聞成品。（臧國仁，1999：90）

　　Walters ＆ Walters(1992)分析美國某一政府部門所傳送的238篇文宣資料，發現稿件的發出率與上報率之間並無直接正相關，關鍵在於新聞發布稿的內容是否符合新聞常規運作的要求（臧國仁，1999：169）。

　　鄭自隆（1997）認為，競選公關新聞的發布除了應富新聞價值及符合新聞寫作的要求等兩項其本原則外，還須考慮主題類型的展現，競選文宣的主題類型不外是陳述政見、攻擊對手、反駁批評、塑造形象，此外新聞稿也可以以「活動預告」為主題，換言之新聞稿的寫作要有明確的主題，最好是一則新聞稿只呈現一個主題。因此，競選總部在從事選舉新聞發布工作時，所發布的新聞內容必須包含新聞工作者所認知的新聞價值要素，同時必須了解新聞工作者平常工作的常規，以助於新聞發布內容成為媒體所報導的選舉新聞。本節將介紹從新聞發布的內容層面出發，探討選舉新聞發布主題，以及新聞工作常規中的新聞價值及新聞稿寫作規定。

一、新聞發布主題

（一）主題類型

　　主題類型是分析選舉新聞發布內容的一種方式，國內外學者依不同的分析標準，歸類出不同的選舉新聞發布的主題類型。

　　陳憶寧（2002）在研究 2001 年台北縣長選舉候選人所發出的新聞公關稿時，採取 Benoit *et al.*（1998）的政治競選言說（political campaign discourse）分類法，將新聞發布主題的分類分為宣揚、攻擊、與反駁三種類型。競選公關稿與一般企業組織的公關稿不同，因為企業公關稿的目的在於塑造良好的企業形象，所以著重在宣揚企業本身與產品的優點，不需要打擊對手，而競選公關稿則除了宣揚候選人的優點之外，還需打擊對手，並反駁對手的攻擊，這是因為在選舉時，候選人不需對所有選民顯示自己的完美，只要在某些議題上讓自己看起來比對方好即可。（陳憶寧，2003：47）

　　政治競選言說（political campaign discourse）的目的是在於說服選民投票給自己或是自己所偏好的一方，而非對手的一方，因此有以下三個功能：

1. 宣揚（acclaim）：為對己方的自我理念正面特質、成就、與形象之宣揚。此言說功能在於使自己看起來有利，使選民產生對己方正面的感覺。

2. 攻擊（attack）：攻擊對手或是其所屬政黨的負面特質，或是其政績表現與政見上的弱點，而使對方看起來不可欲（undesirable）。政治競選言說中的說服性攻擊（persuasive attack）目的在於使對方的形象負面化，但並不是所有候選人都進行攻擊，畢竟許多選民痛恨攻擊式的言論，尤其是所謂的人格暗殺。但是攻擊並不是

沒有效的，候選人要作的是計算攻擊過後己方的損失與對方的損失孰輕孰重。

3. 辯護（defend）：辯護基本上是回應對手的攻擊，此一功能在辯論中常常可以發現。Benoit, Blaney, & Pier（1998）認為辯護這個概念基本上是出於形象修補之必要，效果應是對己方候選人有利的。（陳憶寧，2003：48）

　　此外，就國內研究方面，陳柏州（2002）研究 2001 年宜蘭縣立委選舉候選人新聞發布時，將主題分為陳述政見、攻擊對手、反駁批評、塑造形象、支持當選、及活動預告六大類型。陳柏州（2002：73）研究發現，所有的立委候選人新聞發布主題均以活動訊息為主，其次依序是陳述政見、支持當選、反駁澄清、攻擊對手、及塑造形象。鄭自隆（1994）分析三黨台北市長候選人電視辯論訊息策略及其效果之研究時，將主題類型分為五個指標，包括陳述政見、攻擊對手個人或其政見、攻擊對手政黨和政黨政見及其他個人、反駁批評以及塑造形象。鄭自隆（1997）研究 1995 年立法委員選舉三黨的新聞發布策略時則發現，國民黨及新黨的新聞發布的主題都以攻擊對手為主要內容，民進黨則以陳述政見及塑造形象的展現居多。

　　與總統大選直接有關的文宣訊息研究方面，高照芬（1997）在分析 1996 年總統選舉四組候選人電視競選廣告策略時，將訴求策略的主題類型分為形象塑造、攻擊他人、陳述政見、籲請支持及活動預告等五項類目。郭于中（2001）在研究 2000 年總統選舉電視競選廣告主題，則將競選廣告主題分為陳述政見、攻擊對手、反駁批評、塑造形象及無主題類型或主題不明顯等五大類型。

（二）選舉新聞發布主題策略

1. 民調高低對主題策略的影響

　　廣告理論「品牌資產說（brand equity）」中的策略，可拿來參考說明候選人在領先或落後對手時，應擬定何種文宣策略。鄭自隆（2000：3）認為在競選過程當中，當各陣營間聲勢或民調有所差距時，民調遙遙領先者就應採用「領導品牌策略」，亦即1、掌握議題（issue），領導流行，讓對手追隨；2、不主動攻擊對手，甚至對對手的攻擊也不屑回應，以免拉抬對手；3、廣告以形象為主，不需特別強調某一特點，因為特點太多，所以無須特別強調。

　　當對手聲勢或民調預測接近時，就必須採取「比較戰略」，亦即透過比較，以顯示自己的強或對手的爛，也就是負面文宣的呈現。比較戰略在戰術上的運用是有攻有守，一是凸顯個人特色，強化或型塑形象；二是攻擊對手，對他個人及政黨加以攻擊；三是針對對手攻擊提出反駁或消毒。

　　至於民調落後者，則採取追隨者策略，亦即1、隨著領導品牌的議題而起舞，以分享議題帶來的光輝效果，自己則缺乏製造議題、領袖風騷的能力；2、只能透過攻擊領導品牌才能凸顯自己；3、廣告必須特別關照某項特質，方能形成鮮活形象；若是全盤照應，形象反而模糊。同時民調落後者就必須採取「利基（niche）戰略」，強調自己獨特的銷售主張（USP: Unique Selling Proposition），以強化形象。（郭于中，2001：47-50）

2. 時間對主題策略的影響

　　研究候選人競選策略的國內學者鄭自隆（1995）指出台灣的競選策略一向是「前期塑造形象，中期提出政見，末期攻擊對手，最後一兩天求救」。

　　Patterson 認為，媒體對於政客的失敗或是失誤才感到興趣，對於每日小心翼翼的調查採訪卻興趣缺缺，當接近投票日時，選舉戰況愈是激烈，對於其他候選人應是更不留情，而媒體在此時有更多的負面題材，因此，越到選舉後期，媒體攻擊性報導的份量會愈重。陳憶寧（2001）研究台灣兩千年總統大選最後的十個月競選期間新聞報導也發現，不論是就報紙所呈現的總體攻擊量，還是三位主要候選人的個別攻擊量，進行皮爾森相關分析後，都顯示隨著時間逼近，攻擊的報導量愈多，且均達顯著相關。（陳憶寧，2003：51）

二、新聞價值

（一）新聞價值的定義

　　新聞記者用來判斷事件重要性和新聞性的標準，新聞學稱之為「新聞價值」（news value）。新聞價值幫助新聞工作者在處理新聞過程中，作專業判斷，並告訴記者該選擇什麼、該報導什麼（蘇蘅，1995）。世界上一天發生這麼多的事件，哪些會被新聞工作者報導，依據的就是新聞價值，因此，新聞價值是新聞工作者選擇事件的「標準」。一項社會事件包含越多的價值變項，新聞性就越高。（臧國仁，1999：73）

　　也有學者認為新聞報導是一連串選擇過程，並無客觀的標準，但有成規和習見。刊登什麼樣的新聞或標題，這其中意味著媒介守門人的判斷，而其判斷的準則是新聞價值。（Lippmann,1922）在這種意義之下，新聞價值包括新聞工作者的工作常規，譬如客觀、平衡等要求。

　　Bass 指出，發生最主要的守門活動的場所，是在新聞組織中－新聞蒐集者將未經處理過的「原始新聞」，製作成新聞稿；

而新聞處理者則將他的稿修改和彙整為成品。這兩大關卡在選擇、淘汰和處理新聞時，其所考慮的因素，所依據的標準即為新聞價值之所在（轉引自彭家發等，1996:472-473）。

（二）新聞價值的多面向

「新聞價值」的概念相當分歧，同時並無實證研究支持共同的新聞價值。Shoemaker（1991:52-53）在論及傳播者的例行工作層次時，指出新聞價值（newsworthiness）是多面向的，不同的研究發現了不同種類的新聞面向。另有研究也顯示不同的媒體對「新聞價值」的判斷並無共識（Luttbeg,1983；Foote & Steel,1986）。1982 年以前十年內美國大學新聞科系最常使用十四本新聞寫作教科書，不同作者對「新聞價值」的定義沒有共識，和新聞價值相關的名詞多達 43 個，半數教科書較有共識的有 6 項，為及時性、鄰近性、顯著性、人情趣味性、衝突性及以結果或可能的結果（Eberhard,1982；轉引自蘇蘅，1995）。

（三）一般新聞價值的類型

以下就國內外學者歸納的新聞價值作一說明：

1. Galtung & Ruge（1965）的選擇性守門模式：

Galtung & Ruge 的選擇性守門模式把守門行為當成是影響新聞事件處理的新聞價值，主要新聞要素包括了：（轉引自楊志弘與莫季雍，1996:223-225）

(1) 時間差：若一個事件發生的時間符合媒介的時程，較易受到媒介的注意。

(2) 事件強度或開始的價值：一個事件具有相當大的規模或頓時增加重要性，則較容易受媒介注意。

(3) 清晰度或缺乏模糊度：事件的意義越少被質疑，則越適合

成為新聞。

(4) 文化接近性或相關性：事件的文化和興趣越接近預設中的閱聽眾，即越容易被選取。

(5) 調和度：一個事件越符合先前設定的期望或先前認知，越易於被選取。

(6) 突發性：原本調和性高的事件，若產生不尋常的突發性，則越可能被選取。

(7) 持續性：當一個事件被認為具有新聞價值，則會有一些動態，且持續被注意或有關事件的發生。

(8) 事件組合成份：新聞事件根據整體平衡而被選擇（報紙或廣電新聞），而一些事件則在相互比較下被選取。

(9) 社會文化價值或守門人，會影響上述新聞要素的選擇。

2. Shoemaker（1991）列出以因素分析歸納出的新聞價值研究包括：

(1) Stempel（1962）分析了二十五家報紙的一百五十六則全國性新聞，發現有六個因素影響了新聞價值，分別為：緊張－衝突性（suspense-conflict）、公眾事務（public affairs）、人情趣味（humaninterest）、正面事件（positive events）及政治和政府的爭議事件（controversy about politics and government）。

(2) Buckalew（1969）發現了五個新聞價值的面向：尋常性（normality）、重要性、鄰近性、時效性（timeliness）和可見性（visual availability）。

(3) Badii和Ward（1980）發現四個新聞價值的面向：重要性、顯著性、不尋常性和回饋（reward）。

3. Clyde & Buckalew（1969）的研究發現高、低階層的編輯在新聞價值重要性的判斷上有所不同。高階層編輯認為及時性為重要

新聞價值，但低階層編輯則認為衝突性、鄰近性和及時性強較
重要。

4. Culbertson（1983）指出，傳統新聞工作者認為及時和鄰近性是
很重要的新聞價值，而非傳統新聞工作者認為「解釋（有影響力）
的新聞」更加重要。

5. 鄭貞銘等人（1988）所歸納之新聞價值指標有以下數種：

(1) 事件之變動性：新聞之價值與變動程度成正比。變動越
大、越深、越急，新聞價值就越高。

(2) 事件的影響性：新聞事件發生後，受影響的人多，波及的
地區廣，影響程度深遠，自然是大新聞。

(3) 事件的臨近性：事件的發生地點與讀者越近，越能引起讀
者的關切，重要性也愈大。

(4) 事件的時效性：新聞必須報導剛剛發生的事件，時間越
近，新聞價值越大。

(5) 事件的真實性：新聞報導貴在確實，如果真實性不大，甚
至根本是一件虛構的新聞，則毫無價值可言。

(6) 事件的突出性：司空見慣的新聞，沒有突出性可言，新聞
價值也就不高。

(7) 人情趣味：指有關人類或其他動物的新聞能使讀者深受感
動，都頗具新聞價值。

6. 彭家發等人（1996:477-478）以主觀和客觀標準來衡量新聞價值：

(1) 主觀標準包括了獨家新聞、功能性（即公告性、紀錄性、
指導性、警示性、揭發性和呼籲性）和社教性等，或可稱
為新聞主觀論。

(2) 客觀標準包括以下數種，或可稱為讀者導向論。

(i) 時效性：即第一時間處理，而又及時傳達（immediacy），夠新鮮度（熱度），而又快速將之送上。

(ii) 接近性：可由讀者本身之我出發，然後及於家人，鄰居和社區等一層層去推衍，而得出所謂接近意義。

(iii) 顯著性。

(iv) 重要性：即衝擊力（impact），具有升級（development）、轉化潛能者（例如金融事件，轉化為社會、犯罪事件），是具有涉及廣度和連帶影響性的新聞事件；

(v) 戲劇性：即奇異性（幽默新聞等）

7. 李茂政（1994:165-172）歸納出以下之新聞價值：

(1) 時宜性：新聞的第一要件就是「新」。它包括了「新近」和「新鮮」兩層含義，因為最後一分鐘的消息會是成為最受歡迎的新聞。今天由於傳播科技的發展，為新聞的採集和迅速傳遞提供了有利的條件，其速度已到達了分秒必爭的地步，新聞工作最主要的目標，還是在事實發生以後，迅速予以回報，即事實本身新鮮感是最重要的。

(2) 變動性：新聞的價值與其變動性成正比。變動愈大、愈深、愈急，新聞價值也就愈高。這是因為新聞總是和事實的某種變動相連繫，因此，能夠傳遞社會變動的新聞才是有價值的新聞。

(3) 接近性：一條新聞受到讀者注意的程度，與其距離讀者的速度成正比。新聞要素中最不可忽略的就是它的接近性，這是因為讀者會對與自己較接近的新聞較關心，故許多讀者一翻閱報紙常常先注意地方性新聞，期望自己能獲知該地區或臨近區發生了什麼事。

(4) 重要性：一件事發生後的影響力到何種程度，可能是測量它是否重要的最重要因素，因為愈重要的事情其影響力愈

大。一般說來,一件事如果牽連到顯要的人、物或地,這
就是最重要的。

(5) 趣味性:大多數的新聞媒介都以趣味性新聞報導來吸引讀
者,因為含有趣味性的動人故事是人性的反映,也是人類
本能行為的顯露,或許事件的本身不一定是重要的或具有
影響力,但它已然已經成為新聞報導素材中不可或缺的重
要部份。

(6) 社教意義:媒介既然是社會的公益,其所報導的新聞當然
得強調其「社教意義」,而不能夠只是一味地迎合讀者的
興趣。具有社教意義的新聞並不一定都是很嚴肅的題材,
它也有趣味性的一面,再者,具有趣味性的社教新聞,更
能夠打動人心並發揮其社會教育的功能。

(7) 不尋常性:最顯著的例子諸如,狗咬人不是新聞,但是人
咬狗卻會構成一則新聞。

(8) 後續性:若是一則新聞其本身所構成的要素愈多,則其所
具備的後續性也就愈強。

(9) 衝突性:這種特別與新聞本身的張力大小有關,因為新聞
本身的張力愈大,它所具有的衝突性也就會愈大、愈強。

8. 王洪鈞(1991:4-9)指出大家公認的新聞價值標準有以下數種:

(1) 時宜性:讀者皆想最先獲知最後的消息,讀者對新聞的需
要,非但是以逐日計,甚至會逐時逐分計,記者必須瞭解
這種永恒的需要,而努力予以滿足。

(2) 接近性:讀者最為關切的那些最為他們所熟悉的人物、地
方和事件。

(3) 顯著性:新聞中包括顯著的名字非常必要的。新聞中如果
出現了一個眾所週知的名字,無論人名、地名或事件,則

名字本身已具備了新聞價值。總之，任何一個顯著的人、地方或事情皆可成為最重要的新聞。

(4) 影響性。

(5) 人情趣味性。

9. 薛心鎔（1987）綜合了許多有關新聞價值的研究，認為新聞價值大致包括以下七個特色：

(1) 閱聽人興趣：沒有二名受眾是彼此相同的，因此，可以假定讀者的口味到處不一樣。

(2) 衝擊性：一件事情受影響的人有多少，常常決定讀者的範圍有多大。

(3) 接近性：如果事情發生在附近，報紙讀者的興趣自然大於發生在別的國家的事情。

(4) 時效性：新聞在它發生的時候是重要的，舊聞對讀者價值殊小。

(5) 傑出性：傑出人物的趣味多於非傑出人物。

(6) 奇異性：事情之出現或屬空前，或屬絕後，在新聞裡便值得注目。

(7) 衝突性：包括意見的衝突及身體的衝突（暴力）。

（四）選舉新聞的新聞價值

　　國內研究選舉新聞發布新聞價值的著作，大多參考鄭自隆（1992：155）的五項新聞價值判斷原則：

1. 時宜性：越新的資訊越受歡迎，因此公關新聞稿中要寫候選人最新的動態，而不是描述他的歷史。

2. 接近性：地理的接近性與心理的接近性，因此取材應盡量著眼於此時此地，及與此次選舉的關係。

3. 顯著性：人的顯著與事的顯著，候選人曾拜訪哪些名人，或有什麼善舉。

4. 影響性：候選人有哪些舉動會造成重大的影響，一般而言，候選人的參加活動通常不會有很大的影響性，因此有些候選人常藉製造新聞以吸引媒體的注意。

5. 人情趣味：人情趣味的新聞大多事件本身不顯著以沒有影響性，但卻十分人性化，或是耐人尋味，清新雋永而受讀者喜愛。

　　就選舉新聞的新聞價值來說，林瑜霜（2003）研究 2002 年台北市長選舉時，將新聞價值定為時宜性、顯著性、衝突性、接近性、趣味性、及影響性。林瑜霜將這六項新聞價值定義為：

1. 時宜性：最近發生的事，或特別強調日期、時間，以及未發生但即將發生的選舉活動。如預告選舉日期、登記日期。

2. 顯著性：特定公眾人物前來為候選人造勢、站台、慰勉。

3. 衝突性：候選人或站台人間所挑起的言語、肢體攻擊、批評等動作。

4. 接近性：議題貼近選民生活，或與選民有切身關係。

5. 趣味性：候選人間不尋常舉動，如下跪、發誓等提高選情的動作，且足以成為選民茶於飯後的話題。

6. 影響性：牽涉選情事物足以造成選情轉折，如候選人傳出賄選事件及黑函。

　　林瑜霜研究發現，衝突性是該次選舉聯合報、中國時報與自由時報三報記者認為較重要的新聞價值。

　　陳柏州研究 2001 年宜蘭縣立委選舉，將新聞價值定為時宜性、顯著性、影響性、接近性、趣味性及其他，各項新聞價值定義如下：

1. 時宜性：最近最新選情的發展、活動的報導，或預知未發生但將發生的選舉活動，強調日期、時間等。

2. 顯著性：特別介紹或標記的人物前來為候選人造勢、打氣、加油、慰勉等選舉活動。

3. 影響性：牽涉層面廣泛重大引起眾人關心的事件或議題，或影響選情，以及可解決改善困擾選民長期問題者。例如候選人賄選、黑函、爆發婚外情、退出選舉，受傷車禍等等，以及北宜高速公路、北宜直線鐵路闢建改善交通等。

4. 接近性：議題意含能讓選民感到親切，且有切身關係或引起羨慕者，不論事或人皆屬之，也強調其平凡性，例如候選人教導選民理財、吃路邊攤夜市，或作為能貼近生活脈動者。

5. 趣味性：候選人或支持者為提升選舉，以吸引選民好奇、興趣等不尋常舉動，可成為茶餘飯後消遣話題並滿足愉悅，例如候選人與支持者特殊拜票方式，或別出心裁的動作花招等。

6. 其他：除時宜性、顯著性、影響性、接近性、趣味性等測量標尺之外者。

　　前面提到，新聞價值的概念相當分歧，因此不同類型的選舉亦有不同的新聞價值，本書將針對主跑 2004 總統大選藍營的記者進行訪談，歸納總統選舉的新聞價值，並於本書第五章及第六章中說明。

三、新聞公關稿寫作

（一）新聞稿寫作的重要性

　　趙嬰（1985）認為，新聞稿有一定的格式與結構，公關人員在撰寫新聞稿時若能掌握新聞稿格式與結構，可以增加見報的機會。

　　沈征郎（1992）研究指出，參考新聞稿不能獲得媒體青睞的原因，包括(1)自我宣傳味道太濃。(2)公關人員對於新聞認知

有所差異。(3)舊文與老套。(4)缺乏對新聞稿寫作要領的認識。

　　Morton（1993）發現，寫作風格的優劣影響公關稿件的接受度，較為簡單的較易上報。（臧國仁，1999：175）

　　大抵來說，一般公關人員或新聞聯繫人員所提供的新聞稿有以下缺點（吳崑茂，1997：233）：

1. 新聞稿有如寫公文，洋洋灑灑，不知割捨，不知凸顯重點。
2. 不合新聞寫作方式，段落不清，導言中廢話太多，例如喜歡加上「政府為了……所以舉辦……」。
3. 機關本位太重，宣傳味道太濃，經常過度報導首長的份量。
4. 新聞稿內容與社會大眾生活無關，在記者看來無足輕重。
5. 炒作宣傳性舊聞，未加入足以吸引媒體的新發展。

（二）新聞公關稿寫作原則

　　一般新聞要素包括：何人、何事、何地、何時、何故、如何。新聞報導的結構有導言、本體之分。新聞寫作形式有倒金字塔式、倒正金字塔的折衷式、正金字塔式、平舖直敘式。傳統的新聞寫作以「倒金字塔式」（或倒寶塔式）為原則，所謂「倒金字塔」的寫作方式，就是將新聞的重點放在首段，而將次重要部份放在二、三段。由於新聞是一種「反高潮式」的寫法，寫作者通常在文章開頭就將故事重點標明，細節則在內文加以補充。（孫秀蕙，1997：149）

　　紀華強（1997）指出，公關新聞稿的寫作方法和一般新聞稿的寫作方法是基本相通的，不同的是公關新聞稿除了描寫新聞事件外，還要兼顧企業組織形象及新聞報導活動所要達到的公關目標。對於公關人員來說，使用「倒金字塔式」的寫作格式，除了便利閱讀之外，也有方便媒體編輯作標題之用。（孫

秀蕙，1997：149）

　　公關稿的結構都應力求短小精悍、簡潔有力，新聞格式與結構往往因媒介性質、個人寫作技巧而有所不同，但是有一些基本原則：(1)避免使用太多技術性的字眼；(2)避免重點交代不清；(3)減少冗言贅字；(4)內容符合新聞價值。（孫秀蕙，1997：154-155）。

　　從本章以上的討論我們可以得知，消息來源對媒體新聞的產製有一定的影響力，競選總部在從事新聞發布工作時，應先了解媒體的守門機制，發布符合媒體需要的內容，才容易搶佔到媒體版面。競選總部應發布主題明確、具有新聞價值的新聞，撰寫的新聞稿也必須符合新聞格式；另外，候選人應和媒體記者保持良好的互動，以利所發布的新聞內容被媒體刊登。

第四章　連宋全國競選總部新聞發布運作

　　在總統大選當中，新聞發布單位及人員作為競選總部的對外窗口，其背後涉及一套運作機制，此機制將決定競選總部新聞發布的過程是否順利，以及所欲發布的新聞內容是否有效被媒體採納。本章旨在介紹連宋全國競選總部新聞發布的運作機制，其中包括各級新聞發布人員組成、新聞發布決策機制、新聞發布工作流程、及新聞發布人員與媒體記者的互動關係。

第一節　新聞訊息傳播者

　　新聞訊息傳播[1]者指的是在選舉過程中，透過媒體將訊息傳播給選民知道的人，換言之，就是會在媒體中出現的人。在這次選舉過程中，連宋全國競選總部的新聞訊息傳播者包括候選人、競選幹部、發言人、及緊急應變小組中的國親立委。其中，候選人大多是在參加選舉活動時向媒體傳播訊息，競選幹部則較少主動對外發言，發言人及緊急應變小組則是在競選總部召開記者會發布新聞。比較陳呂和連宋競選總部的發言系統，陳呂總部是整齊的一條鞭發言制度，連宋陣營則有蔡正元、黃義交兩位發言人以及游梓翔、龐建國兩位代班發言人，如果再加上幾乎天天在競選開砲的緊急應變小組，藍軍的發言制度算是較為山頭林立。（蔡百蕙，2004：63）

---

[1] 新聞訊息傳播者即消息來源，但消息來源的定義較廣，譬如 Voakes 將消息來源定義為「一些在新聞引述中提及且可確認的個人、組織、或實體（entity；如文件或研究）」，而新聞訊息傳播者純指新聞引述中提及的個人。

一、候選人：

候選人本身是非常重要的政治傳播者，他常會透過政見發表會、造勢活動、接受專訪、召開記者會或與選民的面對面接觸中，來進行政治傳播。候選人是競選活動的主角，他在從事公開活動時，經常有媒體在場採訪，因此候選人算是最重要的新聞訊息傳播者。

在現今選舉中，候選人大致可以就以下四個面向來進行政治傳播。首先，他可能強調自己的政黨，希望利用相同政黨的訴求來吸引選票；其次，他也希望利用本身的特色來吸引選票；再者，他可利用該區人口特性來強化訴求點；最後，候選人會表現對議題或政策的關心，曖昧的透露其關心議題的優先順序，及關於特殊政策或議題的建議方式（鈕則勳，2002：43）。

本次總統大選的選舉過程中，國親聯盟的總統候選人連戰本身並不常來連宋全國競選總部，除非有重大政見宣示（譬如北北基合併升格或募兵制），或參加活動（譬如各地縣市議長挺連大會），其他時間他都是經由中國國民黨主席辦公室幕僚的安排，到全國各地參加造勢活動，或在國民黨內接見來訪貴賓團體。

由於連戰不管是召開記者會或參加各式公開活動，連宋全國競選總部均會通知媒體前來採訪，通常是在前一至兩天就會把候選人隔天整日的行程告知媒體，以利媒體掌握他的行蹤，也因為候選人在選舉過程中的一言一行，都一直是媒體最關心的焦點，因此，大部分的新聞媒體都會派專門記者一整天跟隨連戰貼身採訪，記錄連戰的重要談話，做成選舉新聞，由此可知，總統候選人連戰在選舉過程中是非常重要的新聞訊息傳播者。連戰曾在 2003 年 12 月 14 日晚上參加台北縣的大型造勢活

動，主題是「搬開台灣的石頭──陳水扁」，並告訴媒體記者「我說的你們回去後能夠登，我就大吉了」（陳弘修，2003：70），可見連戰希望媒體能將他參加造勢晚會的演講內容登出報導，也可以看出候選人的談話內容是媒體報導的對象。

連戰的幕僚也會配合選戰策略，為連戰在各種場合的發言先寫成談話稿，以利連戰將所要傳達的訊息透過媒體讓選民知道。

二、重要競選幹部：

就總統層級的競選而言，其組織架構通常是十分專業化、複雜化，這次連宋全國競選總部由國民黨及親民黨共同組成，為了讓兩黨的人員對這次選舉都能參與，因此這次連宋全國競選總部的競選幹部有非常多個，但主要的新聞訊息傳播者以主任委員王金平和總幹事馬英九為主。

就競選總部的設計看來，王金平及馬英九並非競選總部主要的新聞傳播者，加上前者時任立法院長，後者時任台北市長，因為公務纏身，很少來競選總部主動發布新聞，兩人僅在有重要事件向大眾宣布時，才會到競選總部召開記者會向媒體說明，譬如在二二八「千萬人心連心」或三一三「換總統救台灣」活動之前，在競選總部召開記者會呼籲支持者踴躍參與。不過由於兩人在競選總部的重要性，以及兩人原本就屬於媒體寵兒，因此即使兩人很少來競選總部主動發布新聞訊息，但記者還是會主動採訪兩人，所以王金平及馬英九的談話在競選過程中還是經常被媒體報導，但以被動被媒體採訪居多。

三、發言人

發言人是連宋全國競選總部組織架構中，對新聞媒體的窗

口。當候選人因選舉活動太多而分身乏術時，發言人是記者最主要的消息來源。

　　發言人的設置有其必要性，首先，候選人行程忙碌，無法隨時面對媒體；第二，若候選人準備不周詳，心直口快，可能造成駟馬難追的窘狀；第三，不便由候選人直接說明的，可由發言人代勞（吳崑茂，1997：124）。

　　作為發言人，除了才思敏捷、口齒清晰、說理明白外，發言時還要把握幾個原則（吳崑茂，1997：123）：

1. 創意：平凡事物，加入巧思，讓它有意義。
2. 就事論事：一件事情，見仁見智，不可能「真理」都在一方，因此必須「多理性」、「少情緒」。「陰謀論」的說法，容易讓人質疑。
3. 含蓄：意思要明確，言辭不要露骨。用辭典雅，有餘味，讓聽者有想像空間。有時刻意的模糊，以免底牌盡露。
4. 姿勢宜低不宜高：爭議事件，要預留後日迴旋的空間，所謂情面留一線，日後好相見。

（一）連宋全國競選總部發言人的組成

　　在 2003 年 12 月 5 日由競選總幹事馬英九所主持的文宣會議中，確立了連宋全國競選總部的發言人團的組成，包括國內媒體發言人及國際媒體發言人：國內媒體發言人由國、親兩黨的發言人蔡正元與黃義交出任，國際媒體發言人則由連宋全國競選總部國際事務中心主任蘇起擔任（連宋全國競選總部發言人團隊運作機制）。

　　競選總部並設置代理發言人，由兩位發言人指定各自的代理發言人，當發言人有事無法到競選總部召開記者會時，代理

發言人便代行其職務。這是為了考量發言人可能隨候選人行程離開總部，或是有另外的工作要處理，不可能整天待在競選總部，蔡正元當時指定的代理發言人為國民黨發言人周守訓及郭素春；黃義交指定的代理發言人則為立法委員龐建國。

在後來競選總部的實際運作上，馬英九又另外指定其競選台北市長時的發言人游梓翔，出任連宋全國競選總部的發言人。此外，由於郭素春從來沒有到過總部擔任發言工作，而周守訓因為擔任文宣部廣告組的組長，僅在推出新的競選廣告時，到競選總部主持競選廣告記者發表會，因此在選戰開打後，實際上蔡正元的代理發言人是由游梓翔來擔任。

表 4-1-1：連宋全國競選總部發言人團之組成

人　員	發言人角色	競選總部其他職務
蔡正元	發言人	文宣部主任
黃義交	發言人	文宣部副主任
游梓翔	代理發言人	辯論小組負責人
龐建國	代理發言人	文宣部新聞組組長
周守訓	主持競選廣告發表會	文宣部廣告組組長
蘇　起	國際媒體發言人	國際事務中心主任

資料來源：本研究整理

（二）連宋競選總部發言人作業原則與運作機制

在 2003 年 12 月 5 日馬英九主持的文宣會議中決議，發言人的任何發言，應先與策應小組確認事實及發言方向後，依下列原則辦理（連宋全國競選總部發言人團隊運作機制）：

1. 第一時間發言。
2. 即時回應、拋出議題。
3. 完整、準確陳述，避免情緒性或人身攻擊字眼。
4. 設法攻佔媒體版面。

當天的文宣會議也確定了如下的發言人運作機制（連宋全國競選總部發言人團隊運作機制）：

1. 每日上午十時（週末上午九時）、下午四時於競選總部各舉行一場例行記者會對媒體發言，另視情況需求機動舉行記者會發言。
2. 發言人團隊應排定發言班次，按時到競選總部記者會發言，因故未能按排定班次發言時，應負責找定代理發言人。
3. 緊急事件或新聞議題，掌握時效，以獲知一小時內對媒體發言為原則。
4. 建立通報機制，重大事件或議題，於第一時間通報策應小組（參考圖 4-1-1）。
5. 發言人機制從十二月七日開始運作，兩位發言人隔日輪值，全天在競選總部待命，每月單日黃義交，雙日蔡正元，若有事則請代理發言人代班。

從連宋全國競選總部發言人的作業原則與運作機制看來，攻佔媒體版面及掌握新聞議題走向乃發言人最重要的工作，譬如在運作機制的第一點規定，不管是不是有重要事情要宣佈，發言人在選戰期間每日都必須召開兩場例行記者會，發言人也坦承每日準備記者會的壓力頗大（訪談紀錄 A1），可見攻佔媒體版面是發言人的最主要任務，因此，在競選總部的設計上，發言人屬相當重要的新聞訊息傳播者。

新聞通報及發言人運作機制

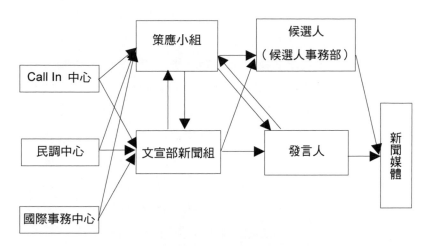

圖 4-1-1：競選總部新聞通報與運作機制圖

資料來源：連宋全國競選總部

四、緊急應變小組：

緊急應變小組是以國民黨政策會執行長曾永權擔任名義上的主事者，參與者有立法委員陳文茜、朱鳳芝、黃昭順、洪秀柱、黃德福、劉文雄、周錫瑋、李桐豪、李永萍、李鴻鈞及前新黨立委賴士葆、連宋競選總部辯論小組負責人游梓翔、及學者林火旺等人（陳弘修，2004：30-31）。因為議題的不同，與會成員臨時會有所調整。

緊急應變小組的集會時間通常是傍晚或夜間，地點選在國民黨智庫，成員針對最新的選舉議題交換意見，然後於次日在連宋全國競選總部召開記者會，透過媒體批評對手或反駁對手

的指控，譬如在連戰家產問題上，小組成員召開記者會攻擊民
進黨將連戰的土地面積小數點點錯；在陳由豪事件發生後，小
組成員也召開記者會抨擊陳哲男是和珅集團、大談水餃李與總
統府的關係、及總統夫人吳淑珍介入 SOGO 百貨股權之爭。

　　原本在連宋全國競選總部成立之後，競選總部還依照「發
言人作業原則與運作機制」，由蔡正元及黃義交兩位發言人輪流
到競選總部主持每日例行記者會，但到了 2004 年 1 月初連戰家
產爭議爆發後，蔡正元及黃義交反而退居二線，由緊急應變小
組取而代之，每天早上輪流出擊，一直到陳由豪事件發生後，
競選總部主委王金平發出重砲，強調除發言人外不得在總部召
開記者會後，緊急應變小組在競選總部召開記者會的情況才緩
和下來，但後來仍會視議題需要到總部召開記者會。

　　緊急應變小組最初之所以能取代發言人到競選總部召開記
者會，主要是在民進黨對連戰家產、黨產一連串攻擊後，連戰
的民調下降了幾乎十個百分點，陳文茜向連戰表示選戰不能讓
少數幹部獨攬大權，並建議另外找一批人來解決問題，因此連
戰即著手指示林豐正及曾永權擬出「緊急應變小組」的名單。（楊
舒媚，2004：58）

五、新聞訊息傳播者的發言比例

　　連宋全國競選總部新聞訊息傳播者是以候選人為主，發言
人與緊急應變小組為輔。（訪談紀錄 A1）我們可以從連宋全國
競選總部所發出的新聞稿當中，算出新聞訊息傳播者的發言比
例。連宋全國競選總部所發出的新聞稿內容來源主要有五：

1. 候選人：新聞稿中的資料是出自連戰或宋楚瑜所述。如在 2004
　　年 12 月 11 日主旨為「1211 連戰主席回應臨前主席義雄的幾項

主張」的新聞稿中，此篇新聞稿為連戰本人對於林義雄的幾項回
應，故將此列為此項目。

2. 重要競選幹部：新聞稿中所敘述的為王金平或馬英九的言論。在
2004 年 1 月 12 日主旨為「0112 競選總部新聞稿—主任委員王金
平及總幹事馬英九希望媒體拒絕不實消息」的新聞稿中，文中王
金平和馬英九希望媒體不要報導不實的消息，並拒絕刊登相關不
實的抹黑廣告。

3. 總部發言人：總部編制的發言人或緊急應變小組的國親立委[2]。
如在 2004 年 1 月 11 日主旨為「0111 連宋總部新聞稿控告民進
黨」的新聞稿中，文中周錫瑋抨擊，民進黨惡意中傷抹黑連主席，
將控告民進黨。雖周錫瑋不是編制內的發言人，但由於他為親民
黨籍的立法委員，故仍列在本項目中。

4. 聲明：針對某特定事件的聲明稿。在本次的研究樣本中，有少數新
聞稿屬於聲明稿。聲明稿就是針對某事件提出聲明，但此事件未跟
大選議題有相關性。例如 2004 年 1 月 15 日主旨為「針對不肖份子
利用連宋名義斂財聲明」的新聞稿中，連宋總部指出有許多不法
民眾及團體假借連宋競選總部之名斂財，提醒民眾小心不要上當。

5. 其它：除了上面幾項所述之外的其他資料來源，如在 2003 年 12
月 26 日主旨為「1226 連宋競選總部新聞稿—請陳水扁告訴我們
佃農之子如何變成億萬富翁？」的新聞稿中，文中充滿了質疑陳
水扁家產的文字，但並沒有一個國親聯盟的人署名，而只是以競
選總部名義發布。

---

[2] 緊急應變小組在選舉過程中一度取代發言人的角色到競選總部召開例行記者會，
並視議題到總部發布新聞，所以緊急應變小組的國親立委雖不是正式發言人，但
其功能和發言人類似，在選舉過程中也有媒體將緊急應變小組視為發言人，因此
在此分析新聞稿時，將緊急應變小組也歸類為總部發言人。

　　結果發現，連宋競選總部所發出的新聞稿當中，以「候選人」為主體的新聞稿量最多，佔總數的 57.4％，「總部發言人」次之，佔全部的 30.6％，兩者幾乎佔了總數的 88％，重要競選幹部僅佔 2.3％（參考表 4-1-2 及圖 4-1-2）。由此可知，這次連宋競選總部發出的新聞稿幾乎都是以候選人與總部發言人為資料來源，可以證明候選人是最重要的新聞訊息傳播者。

表 4-1-2：新聞稿資料來源

	次數	百分比
候選人	201	57.4
重要競選幹部	8	2.3
總部發言人	107	30.6
聲明	11	3.1
其他	23	6.6
總和	350	100

資料來源：本研究整理

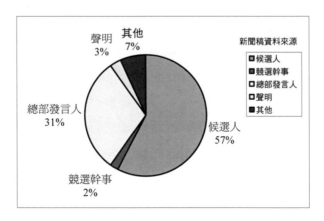

圖 4-1-2：新聞稿資料來源
資料來源：本研究整理

第二節　新聞發布決策機制

新聞發布決策機制指的是新聞發布內容的指導來源，也就是決定新聞發布內容的過程。以總統大選這種龐大的選舉規模來說，這次連宋全國競選總部的新聞決策機制多且混亂，橫向聯繫做的並不夠，導致有時各自對媒體的發言出現不一致的情況，影響選戰的節奏，因此才會發生競選總部主任委員王金平透過媒體砲轟緊急應變小組的事件。連宋總部中不同決策系統各自透過媒體放話，也造成媒體採訪上的困擾，不曉得若連宋競選總部彼此出現不同的聲音，應以哪邊的意見為準。

本節先介紹連宋全國競選總部的選戰策略決策系統，進而介紹連宋全國競選總部的新聞決策系統，兩者不同的地方在於，選戰策略指的是選戰的大方向，屬於戰略上的考量，而新聞決策指的僅是新聞傳播者要透過新聞媒體傳達什麼樣的訊息，以及如何攻佔媒體版面，屬戰術層次的考量，當然，選戰策略是新聞決策的指導方針，任何新聞決策不應與戰略考量違背。

一、連宋全國競選總部的選戰策略決策體系

在總統大選層級的競選活動當中，以競選組織的內部建置而言，可分為核心及戰略兩個團隊，核心團隊包括候選人共識多年的密友；戰略團隊則由可以針對競選事務做基礎決策的人員來組成。（鈕則勳，2002：44）

以 2004 年總統大選連宋全國競選總部的選戰決策機制來說，圍繞在連宋身邊即有多個決策機制，包括核心團隊的「六人小組」、國親兩黨秘書長領軍的「十人小組」、國親立委所組成的「緊急應變小組」以及王金平領軍的競選總部「七部三中

心」。（林敬殷、林新輝、范凌嘉，2004；陳弘修，2004：30）「十人小組」為「六人小組」的前身。（訪談紀錄 B5）

連宋團隊的這些決策機制在選舉過程中就一直存在著意見無法整合的問題。在選戰開打的初期，競選總部七部三中心還能執行組織、動員、文宣及行政四大任務，但自從公投議題開打後，七部三中心的部分決策功能逐漸遭國親立委系統組成的緊急應變小組瓜分。當時立委系統在公投議題上傾向求戰，但提到決策高層往往被壓下，結果，立委採取對外放話方式影響決策，讓王金平等人頭痛不已。例如春節期間，在藍營對公投議題尚未表態的時候，即有立委對外放話要醞釀「拒領公投運動」，但當王金平被媒體問到「決策高層何時討論據領運動時」，王金平僅淡淡地對媒體表示「決策高層在裡面，不在外面」（林敬殷等，2004），顯示王金平當時即對立委系統對外放話的抱持不滿。

而到了選戰進入倒數的一個月內，出現越來越多決策體系，譬如國民黨內部的本土派立委以及前政務官組成的國民黨智庫，就經常在競選策略上產生不同意見，形成內耗；而國親之間也出現矛盾，親民黨人士除了少數負責組織的幹部還留在競選總部體制內的七部三中心外，幾乎全從輔選團隊退出，另外由親民黨政策中心與立委自組一支輔選團隊輔選。（林新輝，2004）

二、連宋全國競選總部新聞發布決策機制

這次選舉決策看起來有四個指導來源，分別是主席辦公室（候選人）、競選總部、文傳會系統、立法院系統四個單位。（訪談紀錄 B5）

（一）候選人的新聞發布決策機制

總統候選人主要是透過參加各種造勢活動來向媒體傳達新聞訊息，較少透過召開記者會的方式向記者表達意見，因此，候選人參加活動時的發言內容就成了記者最主要的消息來源。候選人若要想藉由媒體散發訊息，通常會將新聞訊息設計在發言講稿當中，即使是主持記者會，也會有幕僚先幫候選人準備好講稿。候選人的講稿基本上有三、四個團隊在幫忙寫，國民黨秘書長林豐正大致會在一個星期規劃要講什麼內容，然後再決定找什麼來寫，用哪一篇。（訪談紀錄 A1）

總統候選人連戰在各地的公開發言，依參加活動的屬性不同，而有不同的部門單位提供他講稿。如果是一般下鄉參加後援會的成立或類似的造勢活動，講稿是由地方黨部或中央組織部門負責，如果是參加不定期的大型集會場合，則由撰稿小組替他撰稿。（陳弘修，2003：72）

撰稿小組是由國民黨秘書長林豐正負責召集，成員來自國民黨智庫、政策會、以及社會人士三個系統，背景包括專家學者、政界人士、媒體人、及文化工作者。連戰在每次大型活動之前，撰稿小組都先開會討論構想，然後再各自回去寫稿，針對同一個題目，三個系統都必須交出代表自己部門的作品，最後由林豐正交給連戰，然後連戰再從中擇一親自修改成自己最後的演講內容。在競選活動初期，連戰在高雄的「給百萬母親的信，警告陳水扁」、台南「新憲三部曲」、桃園「這個國家，仇恨到此為止」、台北「相信台灣、不相信陳水扁」，乃至於連宋全國競選總部成立當天，連戰發表「改變已經開始」的演說內容，都是出自於撰稿小組之手。（陳弘修，2003：72）

　　候選人會利用各式公開場合提出政見、塑造形象、攻擊對手、反駁對手、呼籲大家支持，其發言包括下列特點：

1. 搭配新聞事件

　　譬如陳由豪在公布三封致陳水扁公開信後，連戰即發布新聞稿對此事做出回應，表示信函內容是相當嚴重的指責，也相當具體，他希望陳總統勇敢站出來，向社會、向人民做一個交代；在陳水扁公佈公投兩個題目後，連戰當時正在坐火車前往高雄，當場就向記者批評這兩個公投題目是在玩弄文字遊戲，陳水扁是在找台階下，這樣的公投「多此一舉」。連戰強調，公投法第十七條有二項要件：第一是國家受外力威脅，第二是主權有變更之虞時，總統才可以發動；陳水扁所提出兩項內容根本是一般的政策，是政府原本就應該負起的責任，依據公投法第十七條的立法意旨，這是「不適法」。

2. 因地制宜

　　譬如連戰在 2004 年 1 月 13 日參加嘉義縣競選總部成立大會時，即針對嘉義縣農業縣的特性，提出設立「農產品受進口損害救助基金」、建立農漁民退休機制、農漁民向農漁會信用部貸款利息降為年利率二％、建構亞太水產種苗中心、設立農業部等政見；在 2004 年 1 月 31 日參加金門縣金城鎮體育場舉行的連宋金門縣競選總部成立大會時，也強調推動兩岸直航，作出包括規劃金馬為兩岸經貿中轉區、及金門為兩岸和平示範區等多項重大宣示。

3. 視對象決定發言

　　譬如連戰在 2004 年 2 月 11 日參加中華民國會計師連宋之友會成立大會時就承諾，連宋若順利當選，將來一定會讓一位會計師出身的成員來出任監察委員；在面對全國各工會理事長時，即

公布國親聯盟勞工政策七大主張，除強調重新檢討國營事業民營化政策，反對財團化，以及國公營事業董事會必須落實勞工董事比例，落實產業民主化之外，在保障勞工退休生活方面，連戰也作出重大宣示，他指出，勞保老年給付退休金可保障提撥二分之一，定存利率比照軍公教人員享有百分之十八年利率優惠存款，讓勞工退休生活無慮。

（二）發言人的新聞發布決策

　　從競選總部成立之初，總幹事馬英九所確定的「連宋競選總部發言人作業原則與運作機制」看來，發言人是競選總部對媒體的窗口，而發言人在任何發言之前，必須與策應小組聯繫，了解競選總部選戰的戰術考量後再發言，因此，可以看出，當初在競選總部的設計上，策應小組應屬新聞決策中心，不過，後來由於競選總部「策應小組」並沒有成立，取而代之的是山頭林立的決策系統，再加上選戰真正開打後，發言人有時必須在最短的時間內對新聞議題做出回應，因此，很多時候發言人的發言內容純屬其個人發表的意見，從這個角度看來，發言人可決定哪些話要在媒體面前表達，因此發言人個人就算是新聞決策者。

1. 發言人的個人意見即代表總部立場

　　有時候發言人蔡正元召開記者會結束後，記者們根據他們掌握的最新陳呂陣營攻擊連宋陣營的訊息，要求蔡正元回應，而蔡正元也立即作出了回應，在這種情況下，蔡正元所回應的內容並未與所謂決策單位討論過，可以算是他個人意見，但由於他身為連宋陣營發言人的角色，因此所說出來的話即代表總部的立場，所以他個人的意見在媒體的呈現上，就變成了連宋競選總部的立場，不像一些立委若發言失當，可以推托成是委員的個人發言。從這個角度

看來，發言人的角色非常重要，他除了發言必須慎重之外，頭腦也要非常清楚，了解怎麼樣的應變可以為自己的候選人加分。

2. 召開記者會發布新聞

為了搶佔媒體版面，連宋全國競選總部每天均在競選總部召開例行記者會。記者會通常分兩階段，第一階段發言人會針對事先規劃的記者會主題進行說明，在發言人結束發言後，發言人就會當場回答記者問題，記者問的問題可能跟發言人先前的發言有關，也可能是記者其他有興趣的問題。

Van Turk（1986：25）研究美國路易士安那州政府部門發送新聞發布稿件的成效時發現，新聞發布內容越無說服意圖，見報率反而越高，因此採取「雙向溝通」方式與新聞媒體溝通，可能大於傳統宣傳模式的做法。另外，記者主動要求的資訊，上報率較消息來源主動提供者為高，顯示公關人員採用回應式的資訊津貼可能較容易獲得記者信服，而這也是消息來源新聞發布最難以突破之處。

發言人通常是在前一天晚上就會決定記者會的主題，但有時候會到了當場才臨時改。發言人請威肯公關公司幫忙規劃議題以及製作記者會的背景看板，但發言人表示幕僚準備的素材有時太平淡無味，因此準備記者會的內容所面臨的壓力其實滿大的。（訪談紀錄 A1）

發言人主要是根據當天的新聞脈動來決定記者會所要講的內容，有時則是會自己主動規劃議題（訪談紀錄 A1），記者會的內容大致可分為三類：

(1) 回應新聞焦點

發言人會在記者會中，針對當時的新聞焦點做出評論，譬如報載總統夫人吳淑珍在2003年12月12日及15日大舉出脫手中的建華金股票，連宋全國競選總部發言人黃義

交在當日的例行記者會即批評，當時市場正傳出建華金要和國泰金合併的利多消息，扁嫂賣出股票後，建華金和國泰金的合併案卻宣告破裂，股價下跌，扁嫂在股價最高點出脫持股，大賺一筆，時機上過於巧合，以總統陳水扁與國泰集團的交情看來，其中是否有內線交易，吳淑珍欠全民一個說明及交代；新聞報導台塑董事長王永慶對連宋陣營的「直航時間表」表達不同意見，發言人也在例行記者會上做出澄清。

(2) 回應突發狀況

除了每日早上的例行記者會外，在選舉的過程中若有任何突發事件，發言人也必須隨時到競選總部召開記者會說明，譬如在選戰末期前台鳳總裁黃宗宏召開記者會批評連宋，在黃宗宏記者會結束後，發言人也立即到總部召開記者會回應；陳水扁在2004年1月16日晚上公佈320公投的兩個題目，發言人也隨即到總部這開記者會，批評這兩個問題都是全民共識，實在無須花費五億鉅資舉辦公投，因此連宋陣營採取高度不認同的態度。

(3) 創造議題

發言人有時會主動拋出議題，譬如主動公布各電視台晚間新聞報導藍、綠陣營的秒數對比資料，批評台視及民視新聞台有關綠軍的選舉新聞秒數竟高達藍軍的兩倍，呼籲各媒體要挺的住執政黨的壓力，以公平客觀的態度報導有關雙方陣營的消息；或召開『政策白皮書大競賽』記者會，指出連戰從2003年12月就陸續提出各項重大政策主張，並已推出29本政策白皮書，反觀陳水扁陣營，遲遲未公佈任何白皮書。

（三）立法院系統

　　國親立委經常會視議題需要到競選總部召開記者會，國親立委在連戰家產爭議後曾一度每天早上都到競選總部召開記者會，但在陳由豪事件發生後，由於部份立委的發言和競選總部主任委員王金平的要求不同，因此王金平表示立委以後儘量不要到競選總部開記者會，立委主持例行記者會的情況才緩和下來，不過之後立委們若認為有何議題對選情有幫助，仍會到競選總部召開記者會。譬如在談到大台北合併公投的議題時，就由黃德福、洪秀柱、李鴻鈞、周錫瑋等出身台北縣的立委召開記者會，說明北北基三縣市合併升格的好處；另外，立委王鍾渝掌握情資發現，陳呂陣營已在南部偏遠地區開始搜購「身分證」，企圖影響泛藍選民可能的投票支持行為，王鍾瑜也到競選總部召開記者會提醒全國選民，並呼籲全國民眾發揮道德勇氣踴躍檢舉。

（四）文傳會系統

　　如果選戰的事件和國民黨比較有關，就會由國民黨黨部召開記者會向外界說明，而國民黨的記者會是由國民黨文傳會負責，使得文傳會系統也是一個新聞指導來源。譬如當外界抨擊國民黨的黨產問題時，就會由國民黨發言人陪同行管會主委在國民黨召開記者會向記者說明。

第三節　總部新聞聯絡人角色與功能

　　鄭自隆（1992：153-154）認為，候選人應聘請專業新聞聯絡人從事新聞發布工作，以爭取媒體曝光的機會。以往在國民黨黨部都會要求該黨提名的候選人在競選編組中設立一名新聞

聯絡人，以撰寫新聞稿及和媒體聯繫。

在本文第二章第一節曾經提過，競選總部（消息來源）的確在新聞產製的過程中扮演重要的角色，尤其是競選總部組織越制度化、財力越豐富以及公信力越好，對於新聞媒體的影響越大。基於此，連宋全國競選總部在其競選總部七部三中心[3]的架構下，特別設置文宣部新聞組（參圖 4-3-1），內有新聞聯絡人若干名，專門從事新聞聯繫及新聞稿的發布工作。

一、文宣部新聞組的位階與功能

新聞組隸屬於文宣部底下，與新聞組同隸屬於文宣部的還包括廣告組、議題組、輿情組、網路組、造勢組等部門。新聞組的工作在規劃之初包括結合輿情組及議題組，每日新聞議題造勢；媒體聯繫與公關；安排候選人下鄉訪問時，與新聞媒體有關之一切事宜；每日競選總部新聞稿之撰寫及提供；安排候選人接受媒體專訪、參加節目；統籌記者會召開之各項準備事宜；競選總部記者接待工作；對手陣營新聞資料之即時掌握及回報；政策發佈（結合政策組）；競選活動新聞聯繫工作（結合活動組）；與發言人團密切配合；文宣廣告新聞化（結合廣告組）；接待國外選舉觀察團及媒體；國際媒體外銷轉內銷策略運用及執行；接待國內選舉觀察團。（新聞組工作項目）不過由於後來人力的缺乏以及業務整合上的困難，新聞組主要的工作限於競選總部召開記者會時，媒體的聯繫工作、撰寫及傳送新聞稿、舉辦媒體聯誼活動等等，其他牽涉到記者會要開什麼主題或媒體策略的運用，則不屬於新聞組的工作範圍。

---

[3] 連宋競選總部七部三中心為行政部、動員部、政策部、文宣部、候選人事務部、活動部、志工部、扣應中心、民調中心及國際事務中心。

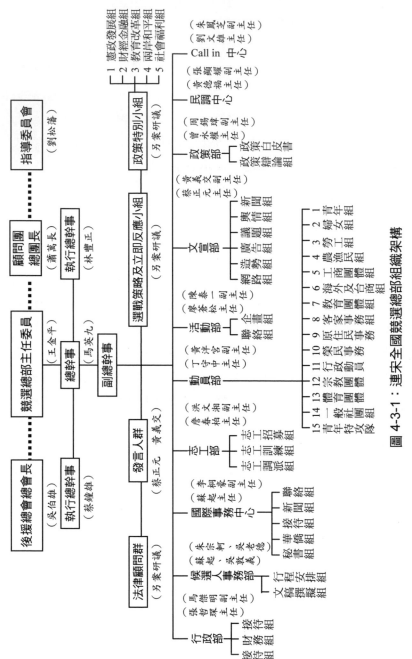

圖4-3-1：連宋全國競選總部組織架構

資料來源：連宋全國競選總部

二、新聞聯絡人的角色與功能

公關人員可分為「公關管理者」及「公關技術人員」兩種（吳宜蓁，1995），公關管理者負責公關策略的擬定，公關技術人員則負責執行公關決策活動，譬如發新聞稿、辦公益活動、製作投影片、舉行記者會等。連宋全國競選總部文宣部新聞組的工作偏向「公關技術人員」角色，負責執行發言人、競選幹部所交代的與媒體有關的任務，譬如聯絡媒體、布置記者會現場等。

（一）競選總部新聞組成員（新聞聯絡人）背景

連宋全國競選總部文宣部新聞組組長為立法委員龐建國、副組長為國民黨文傳會傳播部副主任朱孝慈，組員包括立法委員助理葉元之、國民黨文傳會黨工胡文琦、及一名由中華日報借調的記者包克明。除組長龐建國身兼發言人角色，負責督導業務之外，其餘成員均屬新聞聯絡人。

鄭自隆（1992：153-154）認為，新聞聯絡人應該要了解媒體記者的需要，並且熟知新聞工作的常規，因此最好是由具備媒體背景的人士來擔任。在連宋全國競選總部的新聞聯絡人中，包克明是中華日報的現任記者、葉元之曾擔任過平面記者、朱孝慈在當黨工之前則為中華日報的副總編輯。

在選舉過程中，包克明負責隨候選人下鄉，將候選人一天散佈的訊息寫成新聞稿並發送給記者，其他新聞聯絡人則留在競選總部，負責競選總部內的新聞工作。

（二）新聞聯絡人的工作內容

新聞聯絡人的主要工作包括新聞聯繫、新聞發稿、新聞服務（訪談紀錄 A2）、及協助記者會的召開。

1. 新聞聯繫、蒐集媒體名冊

在選戰期間，每天有好幾場的記者會在競選總部召開，這些記者會的內容及主題都是由新聞訊息傳播者來決定，然後告訴新聞聯絡人何時要在競選總部召開，再由新聞聯絡人通知記者前來採訪。新聞聯絡人一知道召開記者會的時間及主題後，即會通知媒體前來採訪。

拜科技發展之賜，連宋全國競選總部現在都用手機簡訊的方式，將採訪通知發到媒體記者的手機當中。手機簡訊的使用是透過電信公司的專屬網頁，新聞聯絡人將媒體記者的手機號碼輸入到網頁中，並設成群組，每次發簡訊時，新聞聯絡人只需打一次文字內容，就可以大量散發到每位媒體記者的手機中，相當省時方便。簡訊通知完以後，如果有必要的時候，新聞聯絡人會以電話一一告知，讓記者知道總部非常重視這項議題，（訪談紀錄A2）但是用電話通知的情況很少發生。

手機簡訊因為有字數的限制，所以採訪通知的字數通常限制在七十字之內，只會簡單交代記者會召開的主題、時間、地點及主持人的名字，譬如「採訪通知：3/13 下午五點，連宋競選總部一樓，蔡正元召開『三一三大遊行』記者會，新聞組發」。

為了做好聯繫工作，新聞聯絡人必須先蒐集媒體名冊，連宋全國競選總部在成立之初，即要求國內外各媒體將主跑連宋總部的記者資料交給總部，資料必須包括手機號碼及電子郵件。

在選戰過程中，記者如果需要任何資料，或是要問某些人的電話，通常都會打電話給新聞聯絡人詢問，因此新聞聯絡人的手機必須保持隨時暢通。

2. 撰寫新聞稿及發送

撰寫新聞稿是新聞聯絡人每天相當重要的一個工作。前面提

過，選戰期間每天有好幾場的記者會在競選總部召開，新聞聯絡人必須在記者會召開的同時，在會場紀錄新聞訊息傳播者的發言內容，然後將這些重點寫成新聞稿，交給新聞組的組長或副組長修改，在核可過後，隨即立刻以 e-mail 的方式寄給記者，並用簡訊讓記者知道新聞稿已經發出，如果記者發現沒收到，可以打電話給新聞聯絡人，要求新聞聯絡人再傳一次。（訪談紀錄 A2）簡訊內容如「三一三大遊行記者會新聞稿已發出，請查收，謝謝。新聞組發」。

比較特別的是候選人參加活動時的談話也會被寫成新聞稿發給記者，這是因為候選人是選戰中的主角，候選人在任何場合的公開發言，都值得再廣發給各種媒體，以爭取候選人上新聞版面的機會，因此，舉凡候選人參加各種造勢場合、候選人接受國際媒體的專訪、候選人上扣應節目或綜藝節目、候選人與重要領袖餐敘、候選人接見國外議員或團體、候選人接見支持團體等發言，都會被寫成新聞稿，發送給媒體。

這一類新聞稿的產製，是由連宋全國競選總部新聞組派一名隨行撰稿人員，整天跟著候選人的行程，隨時紀錄候選人的發言，然後在候選人參加完活動及講完話後，找時間將發言寫成新聞稿，因此，撰稿人員是和所有的記者同時聽到候選人的發言。由於在選舉期間，候選人的行程排的相當滿，因此隨行撰稿人員的工作非常忙碌，一方面要跟著候選人到處跑，一方面又要找空擋寫稿，尤其是每天晚上都要參加造勢晚會，常常等到造勢晚會結束後，再寫完稿，已經晚上十一點以後了，因此，隨行撰稿人員宜找具有媒體經驗的人員擔任。

連宋全國競選總部在成立之初為了製造選舉議題，都會事先將連戰參加活動的講話稿發給媒體。為了造成更多話題效果，總

部文宣部門還分批給講話稿，讓日、晚報都有可以報導的新角
度。事實証明，國民黨如此的操作方式，讓連戰的談話搶佔了媒
體重要版面，也引起了不少討論。（郭淑敏，2004）但是後來發
生了「抽頭總統」[4]事件，所以連宋競選總部就不再事先提供連
戰的講稿給記者。

3. 新聞服務

　　在新聞服務方面，為了讓記者願意給競選總部多一點報導，
新聞聯絡人會盡量在給予記者採訪上的方便，譬如在競選總部或
造勢場合幫記者架設專用電話、ADSL、無限上網設備、傳真機
及影印機等基本設施，讓記者能在第一時間傳稿。另外，記者如
要隨候選人下鄉採訪，新聞聯絡人也會盡量幫忙安排記者的交通
及食宿；在平常的時候，如果沒有下鄉，遇到中午的時候或晚上
或工作比較晚的時候，新聞聯絡人也會提供記者便當及點心。（訪
談紀錄 A2）

第四節　競選總部人員與媒體記者互動關係

　　本節將探討連宋全國競選總部人員與媒體記者的互動關
係，以及個別互動關係對選舉新聞產製的影響，包括總統候選
人與媒體記者的互動關係、發言人與媒體記者的互動關係、競

---

[4] 連宋全國競選總部在 2004 年 1 月 3 日晚上高雄市連宋競選總部成立大會開始前，
將連戰的講稿事先傳給記者參考，講稿中連戰批評陳總統是「抽頭總統」，結果被
當天晚報及第二天的早報大幅報導，後來被總統夫人吳淑珍一狀告到法院，結果
連戰在第一時間反應時，對記者說「我沒這樣講」。連戰確實沒有從嘴巴說出「抽
頭總統」這 4 個字，但媒體之所以會報導，也非空穴來風，是因為新聞稿出自於
連宋競選總部文宣部，所以當時媒體批評，如果競選總部的新聞稿都不能算是連
戰的話，那媒體以後處理新聞只好口說為憑了。（郭淑敏，2004）

選幹部與媒體記者的互動關係，以及新聞聯絡人與媒體記者的互動關係。

一、候選人與媒體記者的互動關係

（一）候選人未刻意與媒體保持良好互動

　　在總統大選當中，由於候選人忙著在全國各地參與競選活動與民眾接觸，因此很少有機會和媒體記者互動，大部分都是單向的，亦即候選人說什麼，記者就寫什麼，很少面對面的接觸。（訪談紀錄 B4；訪談紀錄 B2；訪談紀錄 B1）連戰也刻意與媒體保持距離（訪談紀錄 B3），甚至不時從內心裡流露出不願意和記者接觸的心情，對於現在電子媒體喜歡一湧而上「堵」候選人訪問的風格，連戰其實是非常排拒。（訪談紀錄 B6）

　　即使是接受媒體訪問，連戰嚴格講也不能算是記者新聞中合格的「完美受訪者」（訪談紀錄 B6）。連戰介意媒體對他的報導，但大多數的記者認為，連戰並不太配合記者的訪問，常常記者針對某個議題詢問連戰的意見，但連戰就是不針對這個議題表達看法，媒體需要他講什麼他都不講，不會去思考記者要的是什麼（訪談紀錄 B3），尤其是這次選舉負面文宣掛帥，連戰在被對手陣營攻擊後，有記者願意在媒體幫忙澄清，願意問問題讓連戰來解釋，但連戰卻不願意回應（訪談紀錄 B5），因此喪失澄清的機會。在記者眼中，連戰比較容易在既定的模式當中做他想做的事，比較不懂在媒體上把握機會去呈現他自己。（訪談紀錄 B4）

（二）候選人與媒體維持共生與同化的互動模式

　　前面提過，就權力關係論的觀點，消息來源與記者的互動

模式，可分為對立關係、共生（利益合作）關係、同化關係與
交換關係四種類型。大多數的受訪記者認為，他們在這次選舉
當中，與候選人連戰主要保持的是共生關係，但從深度訪談中
可以發現，有些記者在選舉過程中不知不覺被候選人同化。

　　有受訪記者（訪談紀錄 B2）認為跑藍營路線的記者和連戰
有共同的利益，因為連戰如果成功的選上總統，那這些記者也
會隨著連戰進入總統府，改跑總統府的路線，這對記者來說算
是地位的提升，也感到很光榮。TVBS 記者（訪談紀錄 B5）也
認為和連戰某種程度上是共生關係，因為連戰需要記者報導他
的消息，而記者也需要連戰的某些發言內容來製作新聞。中國
時報記者（訪談紀錄 B5）也認為候選人和媒體的關係應以互利
為重。

　　記者採取共生模式，是因為可以用方便的管道取得資訊，
甚至可以因為長期良好的合作而關係取得獨家新聞（孫秀蕙，
1997：83），自由時報記者就認為，新聞看交情，和候選人互動
良好的話，候選人比較願意給記者獨家消息或更深入的新聞。
（訪談紀錄 B1）

　　此外，記者本身也有自己的政治立場或政黨傾向，政治立
場如果剛好偏向所跑的候選人，記者就比較不會站在一個批判
的角度去報導有關這個候選人的消息，甚至跟他接觸久了還會
產生革命情感，對他的認同感隨著時間而增加，立場就變的不
中立（訪談紀錄 B4），這就產生了同化關係。即使記者原本想保
持中立，但因為常期接觸主跑陣營傳播的訊息，聽久了也就會
比較認同個別的主跑陣營（訪談紀錄 B1）。值得注意的是，不少
受訪記者認為，在這次藍綠對決如此嚴重的選舉當中，整個社
會都分裂，媒體記者也是人，所以選邊站，造成媒體內部也有

嚴重的藍綠對決，媒體被分成兩派，記者跑哪個陣營就被貼上哪個陣營的標籤（訪談紀錄 B2；訪談紀錄 B5），媒體被候選人同化的情形相當嚴重。

也有記者認為（訪談紀錄 B5），在總統大選的過程當中，候選人的權力位階比媒體記者高，代表候選人將媒體同化。不過並不是在所有層級的選舉當中，候選人的權力位階都比媒體來的高，因為在國會裡面，立法委員相對來說就比較需要討好媒體，所以在立法委員層級的選舉中，媒體位階是比候選人來的高的。

媒體記者在取得新聞的過程中，越是依賴消息來源所提供的資訊，被同化的可能性越高。（孫秀蕙，1997：83）這次總統大選是負面文宣掛帥，只要一方對另一方提出很具體的指控，並且看起來幾乎是事實，那媒體就必須花很大的篇幅讓這個陣營去把這個指控說清楚，也會給相當的篇幅讓對手去反駁，這是一個探就真相的過程，通常操之在候選人而不是在媒體，媒體在這次大選也非常的辛苦，一直想找出自己的調性，但成效很有限。（訪談紀錄 B5）由這點也可以看出，在總統大選中，媒體被候選人同化的情形很嚴重。

在本次總統大選中，候選人與媒體對立的情況並沒出現。大多數的受訪記者認為，雖然記者貴在批判精神，但由於記者與候選人維持共生關係，以及在政治理念上遭候選人同化，所以比較不可能產生對立。

（三）兩者互動關係對選舉新聞產製的影響

1. 同化關係造成記者寫新聞時立場傾向候選人

大多數受訪記者認為連戰與媒體的互動並不佳，但由於媒體

記者和候選人維持著同化關係，因此在寫新聞的角度上，不會因此就故意修理他，而且不會站在批判的角度去寫他的負面新聞。還有記者表示，因為希望連戰勝選，所以即使連戰發出的新聞很爛，但是他們還是費力的包裝。記者認為，因為認同這位候選人，寫新聞時就會從這個候選人的立場出發，筆觸就不會這麼客觀。（訪談紀錄 B1）

　　媒體記者對於候選人不跟記者互動的這種情形很能體諒，記者們能夠理解總統候選人在選戰過程中的重點是和民眾接觸，必須全省走透透，沒有太多的時間和記者互動，不像在立委層級的選舉，就可以和候選人有很密切的接觸。受訪記者認同候選人，並把自己視為候選人的陣營，因此認為跟他互動頻不頻繁並沒有太大關係。

2. 互動良好的好處

　　雖然在總統大選中，候選人不與媒體保持良好互動，不會影響媒體記者的新聞立場，但是候選人若與記者互動良好，就記者新聞處理而言，仍有下列好處：

(1) 政策說明可以更清楚

　　　　互動如果是正面、友善或更密切的話，記者可以用更大的篇幅為候選人的政策做說明，這樣候選人的政策就可以被詮釋的比較清楚，不會造成偏頗；相反的，如果互動很差，記者只是靠候選人公開講話的方式去詮釋這個政策，可能就不會這麼精確。（訪談紀錄B1）

(2) 避免記者故意唱反調

　　　　在選舉過程中，如果候選人不配合記者，記者所問的問題都不回答，只想講自己想講的東西，在這種情況下，記者就不會報導候選人所講的事，甚至在某些議題上故意

唱反調。如果互動良好，記者會對要不要刻意傷害他而有所保留。（訪談紀錄B3）

(3) 可以增加候選人軟性新聞

媒體新聞的產製越來越讀者導向，而讀者越來越不喜歡看硬梆梆或官腔官調的新聞，如果記者可以有多一點機會和候選人互動，就可以多寫一些候選人私下比較有人情趣味的新聞，這對候選人比較有利。（訪談紀錄B4）

二、發言人與媒體記者的互動關係

發言人是競選總部對媒體記者的窗口，在選舉過程當中，候選人行程比較忙，記者大部分時間是無法直接訪問到候選人的，因此若發生重大新聞事件，或是基於平衡原則，要請連宋總部回應陳呂總部的攻擊，記者第一時間都會找發言人，因此發言人的角色對媒體記者來說非常重要。

（一）互動關係

1. 就發言內容而言還算稱職

多數的受訪記者認為，這次連宋總部發言人的發言都算稱職，記者要問什麼東西，發言人的回答都還能符合媒體的需要，而且還算有求必應。（訪談紀錄 B1；訪談紀錄 B4）在選舉過程當中，記者隨時需要發言人把口水吐回去，在這一點的表現發言人群的表現是符合需求的。（訪談紀錄 B6）

2. 電視台記者批評發言人配合度不高

電視台記者認為（訪談紀錄 B3），發言人蔡正元配合度並不高，人經常不在總部，也常常不接電話，而且都要記者追著他跑，他要去哪裡記者就要追著。不過也有媒體記者認為，發言人除了

發言之外，還需要負責很多其他的選務工作，所以也不可能有很多時間跟媒體互動，因此對這種情況也能體諒。（訪談紀錄 B5）

（二）兩者互動關係對選舉新聞產製的影響

1. 發言人認為媒體關係對新聞發布影響不大

在連宋全國競選總部發言人的觀念裏，跟媒體關係好或不好對新聞發布的工作影響不大，因為總部新聞能不能攻佔媒體版面，主要是看發布的新聞內容有沒有新聞賣點，有新聞賣點就容易攻佔媒體版面，和媒體的關係對攻佔媒體版面影響不大，關係再好沒什麼話題也難以攻佔。（訪談紀錄 A1）

2. 記者認為互動關係對新聞發布工作有影響

(1) 互動關係不好記者會修理總部或抵制採訪

多數受訪記者認為，與發言人的互動關係對新聞發布工作有很大的影響，如果發言人沒有把記者伺候好，或者對記者大小眼，就會讓記者產生怨言，讓記者寫一些不利競選總部的小東西來修理他，譬如說總部很亂，什麼東西都亂七八糟之類的新聞。（訪談紀錄B2）

此外，如果發言人不重視媒體關係，媒體記者也會出現抵制的狀況。譬如在這次選舉中曾發生民視禁播連宋電視競選廣告的事件，當天晚上發言人蔡正元把消息放給晚報，晚報報導出來後，多家電視台接著去訪問蔡正元，可是蔡正元不願接受訪問，只說第二天要開記者會，結果引起所有電子媒體記者的不快，第二天記者們就聯名抵制，不去競選總部採訪這則新聞。（訪談紀錄B3）

(2) 聯繫不上發言人造成記者無法做新聞

對於電視台記者而言，如果發言人很難找，不和記者

保持好的互動，譬如行動電話不保持隨時暢通，那麼當新
聞事件發生後，記者找不到發言人回應，就沒辦法做新
聞。尤其現在的新聞台是二十四小時報新聞，發言人越晚
作出回應，藍軍陣營的新聞就越晚出現，不利於選戰情
勢。（訪談紀錄B3）

（三）小結

綜上所述，可以知道發言人和媒體記者對於兩者互動關係
對新聞產製影響的認知有點落差，發言人只注意到發言的內
容，有時忽視記者採訪的需要，或不配合記者的時間，將造成
新聞產出的速度變慢。此外，在共生關係之下，如果發言人侵
害到記者工作上的需要，記者也會抵制競選總部所發布新聞以
示抗議。

三、競選幹部與媒體記者的互動關係

（一）兩者幾乎沒有互動

多數受訪記者與競選幹部並沒有互動關係，因為競選幹部
通常不在競選總部，和媒體沒什麼接觸，而且主任委員及總幹
事都很忙，不太可能直接採訪。（訪談紀錄 B1；訪談紀錄 B4；
訪談紀錄 B2）

（二）兩者互動關係對新聞產製的影響

有記者認為兩者互動關係對新聞處理的影響不大，因為對
於一些選戰的決策可以問到發言人的反應即可（訪談紀錄 B2）；
也有記者認為選舉幹部位居總部重要位置，一舉一動都很重
要，甚至高過發言人。（訪談紀錄 B4；訪談紀錄 B1）其他受訪
記者則對兩者互動關係對新聞處理的影響未表示意見。

四、新聞聯絡人與媒體記者的互動關係

（一）兩者維持長期交往的共生關係

　　雖然競選總部成立到投票日才三個多月，但由於主跑連宋競選總部的記者，除了少數跑親民黨的線上記者以外，大部分都是主跑國民黨的，所以新聞聯絡人在競選總部成立之前就已經和大多數記者認識，而且有經常的互動和長期的交情。新聞聯絡人認為他和記者是魚幫水水幫魚的關係，其實都是互利共生，並沒有誰利用誰，大家互相需要。（訪談紀錄 A2）

（二）新聞聯絡人與媒體維持關係的方法

　　連宋總部新聞聯絡人與記者維持良好互動有下列方法：（訪談紀錄 A2）

1. 一視同仁：

　　不論記者資歷深淺或記者所屬媒體的大小，新聞聯絡人都對他們一視同仁。

2. 真誠和記者交朋友

　　不說花俏言語或不實的動作，在合情、合理、合法的情況下，滿足記者的需求，例如請記者吃飯、記者過生日時送禮物、或是記者家人生病時給慰問的卡片，甚至是主動到他們家裏跟他們致意。

3. 給獨家消息

　　在不違反職場倫理的情況下，適時給予媒體獨家消息，也是促進拉進彼此距離的方法。

（三）兩者互動對新聞產製的影響

　　大多數受訪記者認為新聞聯絡人對新聞產製的影響最不重

要，因為新聞聯絡人僅在通知媒體記者會的召開、傳送新聞稿、幫記者找到想找到的人。（訪談紀錄 B1；訪談紀錄 B4）但由於現在新聞聯絡人都是用簡訊通知活動，所以這方面的運作還算順利。（訪談紀錄 B6）電視台記者由於對新聞產製的速度要求較高，因此會希望新聞聯絡人盡量把準備發布的消息事先完整告知他們，當記者問到一些大型採訪事件的背景資料時，或是 SNG 車連線點應該怎麼開時，新聞聯絡人應該盡量滿足電視台的要求，不能說不知道，或是「即使我知道也不能告訴你，上面講才可以」，這樣會造成新聞處理上的混亂，應該要跟媒體培養默契，而不是跟媒體諜對諜，這樣無法產生一種信賴式的互動。（訪談紀錄 B5）

綜合本章各節的討論可以發現，連宋全國競選總部為了搶佔媒體版面，會由新聞訊息傳播者負責對媒體發言，也會發布新聞稿增加競選總部新聞曝光的機會。在這次連宋總部的運作機制中，負責對新聞媒體發言的人員包括候選人、發言人、競選幹部、緊急應變小組（國親立委）。在新聞發布的方式上，候選人通常是利用在各地參加造勢活動時，將所欲傳達的訊息透過前來採訪的媒體讓選民知道，幕僚會先幫候選人準備好談話稿；發言人及緊急應變小組則是在競選總部召開記者會發布新聞；重要競選幹部很少主動對媒體發布新聞。基本上新聞發布是以候選人為主，發言人與緊急應變小組為輔。

理論上在同一事情上，彼此對媒體的發言應該一致，但因為連宋全國競選總部有不同的新聞發布決策機制，彼此也未整合，導致有時出現步調不一的情況。

連宋全國競選總部有設置專門的單位從事新聞發布工作，內設新聞聯絡人若干名。新聞聯絡人的主要工作為新聞聯繫、

新聞稿的產製及傳送、新聞服務。連宋競選總部的新聞聯絡人
大多具有媒體工作的經驗。

　　與記者的互動關係會影響記者對選舉新聞的處理。在這次
總統選舉當中，候選人與發言人並未特別注重與媒體記者的互
動，但是由於媒體記者被候選人同化的情形相當嚴重，因此在
處理選舉新聞時對競選總部十分幫忙。可是如果候選人及發言
人太不配合記者的採訪需要，記者沒辦法深入介紹候選人所要
傳達的政策或撰寫不為人知但富有趣味的新聞。如果互動關係
太差，侵害到記者的工作需要，新聞記者會抵制一天競選總部
的新聞做為抗議。

第五章 連宋全國競選總部新聞發布內容分析

競選總部所發布的新聞應符合新聞價值及考慮新聞主題的展現。本章旨在分析連宋全國競選總部在選舉期間所發出的 350 篇新聞稿內容，藉此探討連宋全國競選總部的新聞發布策略、新聞稿設定的新聞議題、以及檢驗連宋競選總部發布的新聞稿是否具有新聞價值。在新聞發布策略方面，本書將分析連宋總部的新聞發布主題策略及時間策略；在新聞議題方面，本書除了將介紹連宋總部這次主打的議題之外，也將檢驗連宋總部這次選舉新聞發布是主動設定議題的次數較多，還是以被動回應外界拋出的議題為主。

第一節 新聞發布主題策略

根據第三章的文獻探討，本書將新聞發布主題分為「陳述政見」、「支持當選」、「反駁澄清」、「攻擊對手」、「塑造形象」及「其他」六種類型。

一、新聞發布主題的操作型定義

本研究採用的是內容分析法，分析 2004 年總統大選國親陣營所發布的公關新聞稿，分成六個類目，類目的詳細說明及操作型定義如下：

1. 塑造形象：新聞稿中意含或強調候選人擁有清廉、能力、氣魄、

熱心服務、刻苦努力、學識等正面特質，以及用響亮的口號、標幟等，企圖贏得選民好感拉抬選情，例如在 2004 年 1 月 24 日主旨為「0124 連戰訪一貫道道院」的新聞稿中，連戰強調憑著連戰與宋楚瑜過去在政府服務期間的績效，連宋有信心如果順利當選，台灣一定能夠重返過去創造台灣奇蹟、台灣經驗的那一條大道，藉此強調連宋的執政能力。

2. 攻擊他人：直接點名或影射對手人格特質，行事風格，或過往的紀錄不良，或抨擊對手所屬政黨作為缺失，政府不當政策，以破壞對手的選情聲勢，例如在 2004 年 1 月 28 日主旨為「0128 省議會挺連」的新聞稿中，連戰一再指出扁政府的經濟政策錯誤，且陳水扁本人缺乏國際觀，其中更點明「他是個不負責任的總統是個引起區域安全危害可能性非常大的總統」，此為此類目典型的例子。另外在 2004 年 1 月 31 日主旨為「0131 連戰金門」的新聞稿中，連戰指出陳水扁的政策執行力低弱，一再的開出空頭支票，這也是攻擊他人的例子。

3. 反駁澄清：針對外界或對手的指控、謠傳、流言及議題事由，加以反駁、澄清、解釋，清楚說明候選人立場、品德，期待還原真相，避免造成選民誤解。例如在 2004 年 2 月 12 日主旨為「0212 新聞稿-回應扁抹黑抹紅」的新聞稿中，發言人針對對手攻擊連戰的事項提出反擊，並提出對手的缺點質疑對手「有什麼資格批評他人？」；另外在 2004 年 1 月 11 日主旨為「0111 陳水扁大謊言」的新聞稿中，連宋總部提出地籍資料，反駁民進黨對連戰擁有二萬坪土地的指控，這也是個相當典型的例子。

4. 陳述政見：候選人提出治國政策、選舉期間堅持的理念、或過往費心費力爭取的經費補助、工程、法案等，例如改善法規、爭取經費、計畫、法案、政見、議題等。例如在 2004 年 1 月 14 日主

旨為「0114 國親中道主張有利兩岸復談」的新聞稿中，連戰藉由與美國議員的對話中，提出他對於政治、經濟及兩岸關係等主張，適切地達到陳述政見的目的；在 2004 年 1 月 18 日主旨為「0118 連主席嘉義縣競選總部成立談話」的新聞稿中，連宋總部將政見條列式的列出，明確地提出並陳述政見。

5. 支持當選：候選人或輔選人員、支持者公開呼籲、請求賜票、當選的言論，不論用詞是送進總統府、牽成等皆是，或以反賄選、公佈民調、選情告急、凝聚團結、固票、催票的訴求亦屬之。譬如連宋全國競選總部在 2004 年 3 月 11 日主旨為「三一三記者會」的新聞稿中，呼籲選民踴躍參加 313 大遊行，展現全民總動員的力量。

6. 其他：不能歸類於上述五個類目者。例如在 2004 年 1 月 15 日主旨為「針對不肖份子利用連宋名義斂財聲明」，指出有許多不法民眾及團體假借連宋競選總部之名斂財，提醒民眾小心不要上當。

二、研究發現

（一）攻擊他人最多、塑造形象最少

從表 5-1-1 與圖 5-1-1 可以看出，在連宋全國競選總部所發出的新聞稿當中，以「攻擊他人」為主題的新聞稿佔全部新聞稿的比例最高，為 38％，「陳述政見」次之，佔全部新聞稿的24％，「反駁澄清」與「支持當選」比例相差不多，分別為 15％、13％，「塑造形象」的主題最少，只有 7％。從這個數據也可以發現這次選舉負面文宣掛帥的情形；另外，「塑造形象」的主題之所以最少，可能跟這次選舉的候選人都不是新人有關，因為兩陣營的正副總統候選人都已經在政壇上打滾了幾十年，

即使可以改變以往的形象，也成效有限。（訪談紀錄 A1；訪談紀錄 B3）

表 5-1-1：新聞發布主題次數及百分比表

	次數	百分比
塑造形象	26	7.4
攻擊他人	131	37.4
反駁澄清	53	15.1
陳述政見	84	24.0
支持當選	46	13.1
其他	10	2.9
總和	350	100.0

資料來源：本研究整理

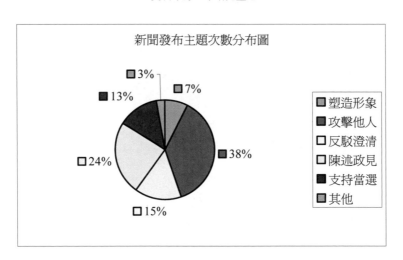

圖 5-1-1：新聞發布主題次數分布圖

資料來源：本研究整理

（二）候選人主要在陳述政見，發言人主要在攻擊對手

　　由於候選人、主要競選幹部、發言人屬不同的新聞決策機制，因此本研究再將他們分開，探討個別的新聞發布主題策略（參考表 5-1-2 及圖 5-1-2 至圖 5-1-4），結果發現候選人以陳述政見最多，佔候選人為主新聞稿的 37％，攻擊他人次之，佔 30％，反駁澄清最少，只佔 8％；發言人則主要以攻擊他人為主，佔 59％，反駁他人次之，佔 22％。從這個數據可以發現，在選舉任務的分配上，候選人以陳述政見為主，而發言人則負責攻擊他人及反駁對手，從策略上可以看出藍軍是要讓候選人不斷的強調治國能力，並且避免陷入與對手糾纏的泥沼當中，至於攻擊他人及反駁澄清的工作則交給總部的發言人。

表 5-1-2：新聞稿資料來源[5]與新聞發布主題關係表

	新聞稿資料來源					總和
	候選人	主要競選幹部	總部發言人	聲明	其他	
塑造形象	17	1	8			26
攻擊他人	60	2	62		7	131
反駁澄清	16	1	24	1	11	53
陳述政見	73		9		2	84
支持當選	35	4	4		3	46
其他				10		10
總和	201	8	107	11	23	350

資料來源：本研究整理

---

[5] 有關新聞稿資料來源的定義請參考本研究第四章第一節第五點。

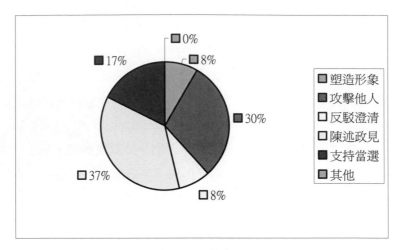

圖 5-1-2：候選人新聞發布主題比例圖

資料來源：本研究整理

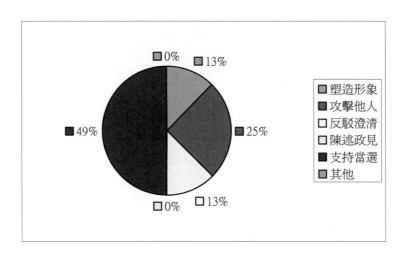

圖 5-1-3：主要競選幹部新聞發布主題比例圖

資料來源：本研究整理

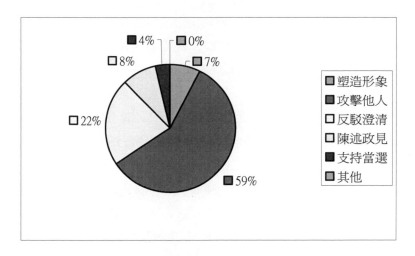

圖 5-1-4：總部發言人新聞發布主題比例圖

資料來源：本研究整理

（三）攻擊對手主要在攻擊對手的「個人特質與家庭」

　　由於這次選舉是負面文宣掛帥，連宋全國競選總部新聞發布主題亦是以攻擊他人最多，因此研究者想了解競選總部攻擊對手是以攻擊哪一部分為主。研究者將攻擊對手類目區分為「攻擊對手個人特質與家庭」、「攻擊政見」、「攻擊對手政黨與政府」、「攻擊選戰策略」，四大類，操作型定義如下：

1. 攻擊個人或家庭：為了使敵營候選人形象受損，讓選民對敵營候選人形象之不信任，新聞稿內容直接指向個人及其家人名譽、道德標準或是操守和家庭緋聞或是八卦等，都屬於攻擊個人或家庭類目，例如 2004 年 2 月 5 號由競選總部所發布的「質疑扁收多少獻金」新聞稿中，發言人針對陳水扁在陳由豪獻金案中，攻擊阿扁收取超過一千萬的政治獻金，但卻不承認，並批阿扁平時收

賄賂，選舉假清高，由此打擊阿扁形象以及政治人物道德。

2. 攻擊政見：對於對手敵營所拋出的政見予以斥責、批評，由政見的批評使選民對於敵營的政見產生質疑、不信任，使對手的政見效果消失於無形，例如 2004 年 1 月 16 號「總部回應和平公投議題」的新聞稿內容中，發言人便是抓住阿扁所丟出的公投政見加以打擊，認為此兩個公投議題是「為了個人選舉需要的造勢公投」，此新聞稿內容便是針對政見加以攻擊。

3. 攻擊政黨背景或政府：此類的新聞稿是攻擊候選人的政黨背景，對候選人的政黨加以批評，如果候選人為執政黨，也會攻擊其政府人員的施政或是政府相關事宜，為的是能夠藉由打擊政黨背景來降低候選人的支持度，例如 2004 年 2 月 25 日發布的「連戰新書發表會--直指台灣問題出在執政者」新聞稿中，連戰批評過去四年，台灣在政治、經濟、社會各層面的倒退、惡化，都是肇因於執政者以老舊的思維觀念、固步自封的意識型態因應廿一世紀；以偏狹的民粹、族群、區域因素作為施政方向的基礎，導致台灣日益衰退，走不出去。

4. 攻擊選戰策略：此種新聞稿是專門攻擊對手陣營的選戰策略，通常的是攻擊對手抹黑、負面文宣、打爛帳的策略，例如 2004 年 2 月 28 日「抗議簡訊抹黑」的新聞稿，發言人便是針對民進黨立委王淑慧利用手機簡訊來抹黑連戰打老婆之說抗議，並批評此種抹黑行為令人不齒。

從表 5-1-3 可以發現，不論是候選人或競選總部[6]在攻擊對手時，都是以「攻擊對手個人特質與家庭」最高，分別為 39%、

---

[6] 競選總部包括主要競選幹部和總部發言人。因為主要競選幹部攻擊對手的樣本不多，在這裡將主要競選幹部與總部發言人攻擊對手的樣本合併計算。

54％，這可能也是因為第一夫人吳淑珍因為被扯入陳由豪事件及炒股票案，經常成為連宋陣營的箭靶；此外，以候選人為主所發布的新聞稿中，攻擊對手的政見為次高，為 25％；而以總部所發布的新聞稿中，攻擊政黨與政府次高，為 29％。

表 5-1-3：候選人與競選總部攻擊對手分類表

資料來源與時間 攻擊方向	候選人	競選總部	其他
攻擊個人或家庭	23(39％)	34(54％)	1(14％)
攻擊政見	15(25％)	9(14％)	3(43％)
攻擊政黨背景或政府	12(20％)	18(28％)	2(29％)
攻擊選戰策略	10(16％)	3(4％)	1(14％)
總和	60(100％)	64(100％)	7(100％)

資料來源：本研究整理

第二節　新聞稿發布時間策略

　　本節探討連宋全國競選總部的新聞稿發布時間策略，包括探討連宋總部發布新聞稿的頻率，是否有因越接近選舉日就越高，以及探討連宋競選總部在不同競選時期，是否有不同的新聞發布主題策略。

一、操作型定義

　　本文將競選總部成立日到投票前一天，分為「競選前期」、「競選中期」、「競選後期」三個時期。

1. 前期：2003/12/07～2004/01/10，例如 2003 年 12 月 20 日主旨為「連主席十二月二十日青年之夜晚會談話」的新聞稿，由於發布

時間在前期所分界的時間內，所以列在此項目。

2. 中期：2004/01/11～2004/02/13，例如 2004 年 1 月 13 日主旨為「10 萬人抓鬼大隊新聞稿」的新聞稿，發布時間介於前述中期的時間內，故列在本項目中。

3. 後期：2004/02/14～2004/03/19，例如 2004 年 2 月 16 日主旨為「藥界挺連」的新聞稿，由於發布時間在前述的時間內，所以列在本項目中。

二、研究發現

（一）越接近投票日，新聞稿發稿頻率越高

學者（鄭自隆，1997）認為競選總部新聞發布應有時間策略，亦即越近投票日要越加強新聞發布，本研究發現連宋全國競選總部的新聞稿量，的確隨著投票日的逼近而成長。在選戰前期的發布量佔總數的 15.1％，中期佔 36.3％，後期佔 48.6％（參考表 5-2-1 與圖 5-2-1）。發稿量逐漸增加的原因，乃是因為競選後期選舉日趨激烈，隨時都必須回應對手的攻擊，在競選前期時一天只有一場記者會，但到了後期，競選總部一天召開三、四場記者會都是很平常的事。

表 5-2-1：不同競選時期的新聞稿發稿量

	次數	百分比
前期	53	15.1
中期	127	36.3
後期	170	48.6
總和	350	100

資料來源：本研究整理

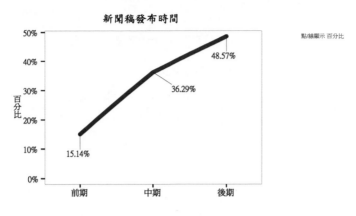

圖 5-2-1：競選時期與發稿量關係圖

資料來源：本研究整理

（二）不同時期的新聞發布策略：初期以陳述政見為主、中後

期攻擊他人最多

有學者曾比較競選總部在不同競選時期的競選策略，並提出臺灣的競選策略一向是「前期塑造形象，中期提出政見，末期攻擊對手，最後一兩天求救」（鄭自隆，1995），本研究亦據此分析連宋全國競選總部的新聞發布主題策略，結果發現在大選初期，連宋陣營發出的新聞稿主題以陳述政見最多，佔大選初期全部新聞稿的 34%；在中期及後期皆以攻擊他人最多，分別佔當期新聞稿總數的 42% 及 36%。（參考表 5-2-2 及圖 5-2-2至圖 5-2-4）

表 5-2-2：不同競選時期的新聞發布主題策略

	新聞發布時間			總和
	競選前期	競選中期	競選後期	
塑造形象	6	11	9	26
攻擊他人	17	53	61	131
反駁澄清	8	9	36	53
陳述政見	18	34	32	84
支持當選	3	12	31	46
其他	1	8	1	10
總和	53	127	170	350

資料來源：本研究整理

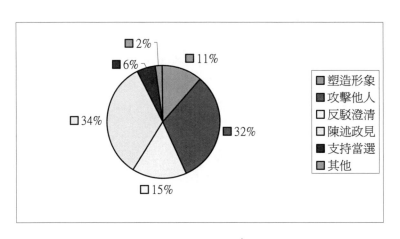

圖 5-2-2：競選前期 連宋總部新聞發布主題策略

資料來源：本研究整理

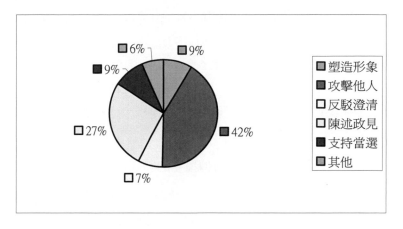

圖 5-2-3：競選中期 連宋總部新聞發布主題策略

資料來源：本研究整理

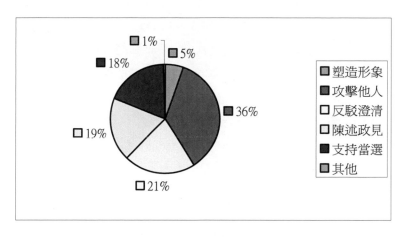

圖 5-2-4：競選後期 連宋總部新聞發布主題策略

資料來源：本研究整理

從表 5-2-2 及圖 5-2-2 至圖 5-2-4 也可以發現，不論在選舉的哪一個時期，攻擊他人皆佔很大的比例，可以看出總統大選的競選策略是以攻擊對手為主；另外，反駁澄清從選戰中期到選戰末期有明顯增加的趨勢（從 7％增加到 21％），這是因為選戰中後期民進黨對連戰進行很多的攻擊，而連宋競選總部也花了很多心力在回應對手的攻擊。

（三）不同時期不同新聞訊息傳播者的新聞發布策略

由於候選人、主要競選幹部、發言人屬不同的新聞決策機制，因此本研究再將他們分開，探討各新聞訊息傳播者在不同競選時期的新聞發布主題策略。

1. 候選人在選戰三個時期皆以陳述政見為主，選舉後期支持當選大幅增加

從表 5-2-3 及圖 5-2-5 至圖 5-2-7 可以發現，候選人在競選前期、中期、後期皆以陳述政見為主，分別為 42％、39％及 31％，可見候選人並沒有因為隨著選戰的逼近，就改變主打的策略。不過，在選舉後期，候選人新聞發布主題「支持當選」的比例大幅增加（前期 8％、中期 13％、後期 26％），這跟鄭自隆所分析的選戰末期候選人主打求救策略有異曲同工之處。

表 5-2-3：候選人新聞發布主題與競選時期關係表

	前期	中期	後期	總和
塑造形象	5	7	5	17
攻擊他人	12	23	25	60
反駁澄清	3	6	7	16
陳述政見	17	29	27	73
支持當選	3	10	22	35
其他				
總和	40	75	86	201

資料來源：本研究整理

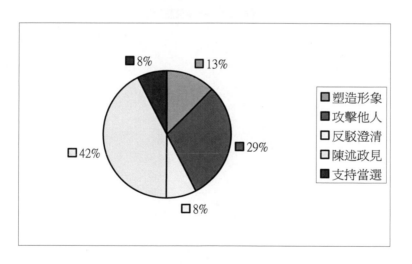

圖 5-2-5：競選前期　候選人新聞發布主題策略

資料來源：本研究整理

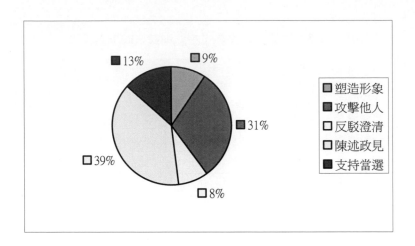

圖 5-2-6：競選中期 候選人新聞發布主題策略

資料來源：本研究整理

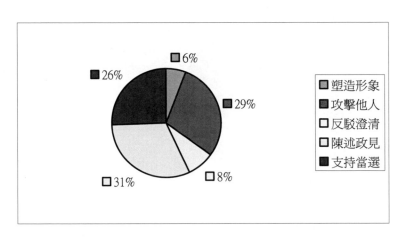

圖 5-2-7：競選後期 候選人新聞發布主題策略

資料來源：本研究整理

2. 總部發言人三時期皆以「攻擊他人」為主，選戰後期「反駁澄清」
   增加

   從表 5-2-4 及圖 5-2-8 至圖 5-2-10 可以發現，總部發言人在
   競選前期、中期、後期皆以攻擊他人為主，分別為 49％、79％
   及 50％。在選戰中期總部發言人攻擊他人的比例相當高，幾乎
   完全只負責攻擊對手，到了選戰末期，反駁澄清的比例則大幅提
   昇。從總部發言人不同時期的新聞發布主題策略來看，總部發言
   人並無因應不同選戰時期而主打不同的選舉策略。

   表 5-2-4 總部發言人新聞發布主題與競選時期關係表

	前期	中期	後期	總和
塑造形象	1	3	4	8
攻擊他人	3	25	34	62
反駁澄清	1		23	24
陳述政見	1	3	5	9
支持當選		1	3	4
其他				
總和	6	32	69	107

   資料來源：本研究整理

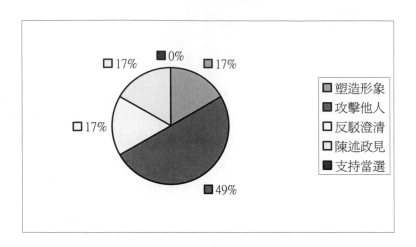

圖 5-2-8：競選前期 總部發言人新聞發布主題策略

資料來源：本研究整理

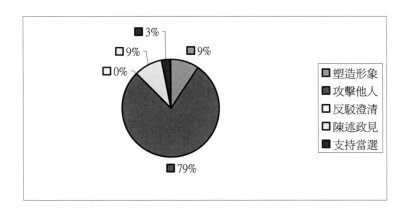

圖 5-2-9：競選中期 總部發言人新聞發布主題策略

資料來源：本研究整理

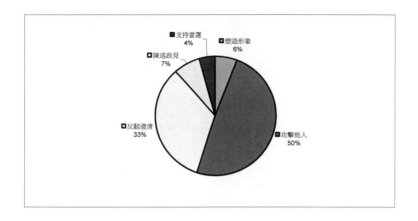

圖 5-2-10：競選後期 總部發言人新聞發布主題策略

資料來源：本研究整理

3. 主要競選幹部新聞發布量少，僅在選舉後期呼籲民眾支持連宋

　　從表 5-2-5 可以看出，主要競選幹部在選戰前、中期很少進行發布新聞，僅在選舉後期發布少許「支持當選」的新聞。

表 5-2-5：主要競選幹部新聞發布主題與競選時期關係表

	前期	中期	後期	總和
塑造形象		1		1
攻擊他人		1	1	2
反駁澄清		1		1
陳述政見				
支持當選			4	4
其他				
總和		3	5	8

資料來源：本研究整理

第三節　新聞議題

一、競選文宣策略定位

　　在決定競選文宣策略之前，首先要先確定文宣目標對象、考慮是不是要對每個人都進行文宣的攻勢，再決定要攻什麼重點及打什麼議題。（訪談紀錄　A1）競選總部必須要先決定出目標選民，再定出文宣策略。

　　連宋競選總部在決定文宣策略之前將選民分為深藍、中藍、淺藍、無政黨傾向、淺綠、中綠及深綠等七個區塊。由於深藍、中藍的選民較不易被對手拉走，深綠、中綠的選民不易被連宋攻進，因此，連宋主要進行文宣的對象為淺藍到淺綠的這些選民。經由民調交叉比對出這類選民的年齡、性別、地域、學歷及族群屬性，連宋總部發現淺藍到淺綠政黨傾向的選民大多為四十歲以上的女性，並且為國中以下教育程度、住中南部的閩南人，這類的選民人數大約一百萬人。這一類的選民最容易改變政黨的投票傾向，後來槍擊案票跑掉也是這群人最多。連宋全國競選總部不針對所有的選民進行文宣，文宣部主任蔡正元還半開玩笑說，「我們這裡的文宣就不理外省人」。民進黨也覺得外省人票比較不好攻，所以民進黨就攻客家人，跟連宋設想的角度是一樣的。（訪談紀錄 A1）

　　連宋競選總部選擇上述這群四十歲以上閩南籍女性做為文宣的對象，針對這類選民做了很多電視廣告，電視廣告大多以閩南語發音為主，譬如連宋競選總部推出電視廣告「媽媽篇」系列，透過台灣母親的心情告白，呼籲執政當局站在女性的立場，將心比心，實踐全天下的母親都想好好過四年好日子的心

願。另外，像競選歌曲、造勢晚會的風格也都走類似的路線，跟過去傳統國民黨、親民黨的文宣做法都不同。

二、選戰新聞議題策略

競選文宣策略擬定出來後，競選總部主動設定新聞議題時也應該要配合競選文宣策略定位，針對目標選民拋出議題。候選人的演說是有設定一連串的議題，但是在什麼時間拋出什麼樣的議題，並無規劃，有點隨機應變。（訪談紀錄 A1）

連宋全國競選總部及國親立委每日也會針對不同的新聞議題變化，拋出議題或回應議題，這更是隨機應變，沒有一定的步驟。前一章提過，對於議題的回應，競選總部及國親立委還出現過不同調的情況，也不會考量目標選民的感受而做適當的回應。從這個角度看來，連宋全國競選總部的新聞議題設定並無配合競選文宣策略的定位。

三、本次總統大選的重要新聞議題

新聞媒體版面是雙方候選人競爭議題的場域。競選總部所拋出的議題會不會成為媒體焦點，要看對手是不是拋出更強的議題。候選人的議題也必須和新聞媒體自行設定的議題競爭，新聞媒體有可能大幅報導自己有興趣的新聞事件，而不理會候選人所設定的議題。因此，候選人主動拋出的議題會不會成為新聞議題，通常自己不能決定，還要看對手的議題是不是更吸引人，以及是不是還有其他新聞事件更吸引媒體的注意。

連宋全國競選總部雖然有設定一系列的新聞議題，但是對手民進黨拋出的議題更受到媒體的關注；另外，陳由豪對媒體發出三封致陳水扁公開信、媒體揭發吳淑珍巨額進出股市等議

題，也在選舉中佔據了很多新聞版面，造成連宋競選總部拋出的議題並未成為新聞焦點。這次大選主要的新聞議題都是由綠軍在主導，譬如家產爭議[7]、家暴事件[8]連宋總部是站在防衛的一方，陳由豪事件[9]是被動回應媒體，公投議題[10]及槍擊案件[11]也都是站在回應的一邊（訪談紀錄 A1）。這些議題在選戰中吸引了媒體的注意，使得媒體對於連宋主打的經濟、兩岸議題印象不深。

（一）經濟、兩岸

這次連宋的競選主軸為「拼經濟、拼和平、救台灣」，經濟及兩岸為候選人最強調的議題，其中以經濟議題最為重要。

---

[7] 連戰於九十三年一月二日召開記者公佈個人財產為十三億，非外傳的二百億。不過綠軍不斷質疑連戰公佈的財產和實際不符，還製作「兩代公務員」廣告，批評連戰父子以不當手段取得財產。後來連戰按鈴控告陳水扁涉嫌加重誹謗、意圖使人不當選及侮辱死者等罪。

[8] 總統大選辯論時陳水扁說出「我愛我的太太、我不會打她」字眼，引發後續藍綠陣營一陣口水戰；民進黨立委公佈一封連戰前鄰居所寫的信，指出連戰的女傭曾說過連戰會打老婆，後來連方瑀和女傭出來開記者會否認；壹週刊爆料，指該刊取得 14 封藍軍總統候選人連戰女兒連惠心在 12～14 歲間，寫給朋友的英文書信提及父親對母親施暴，連惠心舉行記者會澄清，並前往地檢署控告該周刊。

[9] 東帝士集團董事長陳由豪兩次爆料，指他為了替集團紓困，曾透過總統府副秘書長陳哲男及經建會副主委張景森，前後共捐贈數千萬元的政治獻金給陳水扁總統與民進黨；不過，包括陳水扁總統在內等綠營人士，對此一概否認。

[10] 陳水扁在 320 投票當天舉行公投引發國際美日法等質疑，藍營則稱是違法公投，連戰宋楚瑜等表明不領公投票。開票流程在選舉過程中也爭議不斷，中選會最後通過總統選票與公投票「分開領、圈、投票」的兩階段流程。電視政論節目名嘴趙少康、無黨籍立委陳文茜、作家李敖等站上火線，擔任 320 公投辯論反方代表，和行政院推出的官方代表進行公投大辯論。

[11] 投票前一天民進黨正副總統候選人遭槍擊。國親後來質疑槍擊案為陳水扁自導自演，不承認選舉結果。

1. 經濟議題

在連宋全國競選總部所發出的 350 篇新聞稿當中,其中有提到「經濟」兩字的共有 159 篇,佔全部新聞稿的四成以上,可見連戰對經濟議題的重視。

在競選總部成立之後,連宋第一次完整的陳述對經濟的看法,就是在 2003 年 12 月 12 日參加「Face the nation 向全民報告——國親財經政策主張」發表會,就民眾最關心,也最切身的財經議題,透過電視直播的方式,向全國人民闡述政策。連、宋兩位正副總統候選人將分別發表六十分鐘與三十分鐘的演說,剖析國內高失業率、經濟成長下滑的原因,並且提出有效的解決之道。連戰主張,要創造良好的投資及生活環境包括應從政治面及經濟面兩方面著手。在政治面,國親主張大和解,亦即「推動朝野大和解,健全朝野合作關係」、「推動兩岸大和解,建構和諧兩岸關係」、「激勵文官士氣,強化政府效能」。在經濟面,國親主張大發展、大安定、大建設、大改革,亦即改善投資環境,促進民間投資,創造就業機會─大發展;縮短貧富差距,照顧弱勢族群,建立公義社會─大安定;推動公共建設投資、塑造永續環境,提高生活品質─大建設;全面推動改革,增進行政效率,提升國家競爭力─大改革。

連戰從選戰開打以來,一直到投票前所參加的各式造勢活動,對於經濟議題的態度,大致就是維持 2003 年 12 月 12 月所宣示的改革經濟的方法。在策略上就是在各種場合不斷強調民進黨主政四年來,把台灣經濟搞的很差,包括貧富差距擴大、失業率攀高、自殺人口增加、經濟成長率第一次負成長等,如果要救臺灣經濟,就必須把票投給連戰。連戰盡可能把所有事情都扯上經濟,譬如連戰在民進黨舉行二二八手牽手護臺灣前,即說「投

連戰一票，就是投經濟一票，這才是守護臺灣的真正意義」；另外，舉行三一三換總統救臺灣大遊行，也是以把陳水扁換掉，才能救臺灣經濟為號召。選舉到了末期，民進黨對連戰進行負面文宣，連戰也強調「對手不會治國，拿不出政績，只會用栽贓抹黑的方式進行人格暗殺」，這種說法其實也是為了凸顯國親才有治國的能力。

2. 兩岸議題

在兩岸議題方面，連戰在選戰中不斷強調兩岸和平的重要性。策略上將民進黨的兩岸政策定位為前後反覆，造成兩岸關係的緊張，唯有連戰才能維持兩岸的和平。他認為兩岸統獨沒有時間表，主張「維持現狀、臺灣優先、發展經濟」，即兩岸應該在和平的架構下，追求各自經濟的發展。另外，他在當選後會推動兩岸直航，在一年內完成海運直航，在二年內完成空運直航。在連宋總部發出的 350 篇新聞稿當中，提到「兩岸」的共有 99 篇，接近三成。

（二）募兵制、大台北縣市合併升格

本研究的受訪記者認為連戰這次主打的議題中，以「募兵制」及「大台北縣市合併升格」打的最好。選戰到了後期，負面文宣掛帥，連宋競選總部試圖提出幾項政策拉出另外的戰場，其中就屬「募兵制」及「大台北縣市合併升格」令媒體記者印象深刻。

1. 募兵制

在連宋競選總部發出的新聞稿中，有關募兵制的共有 25 篇，最早的一篇是 2003 年 12 月 25 日，連戰在行憲紀念日晚上針對修憲發表談話，提到要實施募兵制，但未提任何其他具體內

容。一直到 2004 年 1 月 16 日在花東的造勢晚會上，連戰才提出改募兵制的理由及粗略實施方案，強調改徵兵為入伍訓練三個月。之後連宋競選總部所發出的新聞稿有提到幾次募兵制，但大多只喊出「當兵三個月」的口號，因此都沒有獲得媒體的重視。

新聞媒體第一次開始關心募兵制這個議題，是在 2004 年 2 月 21 日所舉行的第二次總統候選人辯論會之後。由於陳水扁在該次辯論會中首度一改過去支持募兵制的主張，明白表示反對實施募兵制，因此讓連宋陣營感到有機可趁，也讓媒體發現兩個陣營在這個議題上的衝突。連宋競選總部在隔日由資深的軍中前輩召開記者會，強調募兵制的重要性。資深軍人及立委並在 2 月 27 日召開記者會，公佈國親募兵制的說帖；到了 3 月 5 日，連宋競選總部更安排連戰本人及總幹事馬英九，親自就國親募兵制進行說明。後來一直到投票前，實施募兵制一直是國親不斷強調的政見之一。

2. 大台北縣市合併升格

在連宋全國競選總部發出的新聞稿中，有關大台北縣市合併升格這個議題的共有十六篇。和募兵制一樣，連戰很早就拋出這個議題，但到了投票日前幾天才提出完整的說帖，中間的過程就只是不斷強調「縣市合併升格」這個口號。

連戰是在 2003 年 12 月 14 日晚上參加台北縣造勢晚會時，第一次提出「大台北縣市合併升格」的概念。連戰當時強調要縮短台北縣市居民的生活差距，並要成立區域政府，提昇城市的國際競爭力。在連戰提出這個概念後，立刻遭到當時台北縣長蘇貞昌的反對。連戰稍後在幾場造勢晚會中，不斷喊出大台北縣市合併的口號，在 12 月底及隔年年初這段時間內，連戰在南部各縣市參加造勢活動時，更進一部喊出北、中、南三大都會區域合併

升格，並要以公民投票來決定。過了兩個月，連戰在 3 月 2 日參加台北縣造勢晚會時，宣布即日起展開大台北縣市合併公民投票的連署，隔天參加高雄市造勢晚會時，宣布立即展開高雄縣市合併的公民投票連署。3 月 4 日國親立委在競選總部召開記者會，公佈大台北地區合併升格的公民提案具體文字內容。一直到選前幾天的 3 月 15 日，連宋競選總部還由馬英九召開記者會，針對國土改造提出五大政策訴求及八大區域定位。

（三）陳由豪事件

陳由豪案在發生後，連宋競選總部一開始是刻意和陳由豪案保持距離。陳由豪在 2004 年 2 月 2 日發出三封公開信，宣稱曾多次提供政治獻金給陳水扁，質疑總統府已成「黑金政治的中心」，當時競選總部主任委員王金平認為陳由豪的公開信內容沒有明確依據，連宋總部不宜插手這件事，因此在內部會議要求總部不要對陳由豪事件發表意見，相關的事證由國親立院黨團去查證及處理。（黃維助，2004）

在候選人連戰對陳由豪事件的態度方面，連戰對陳由豪案是採模糊處理的態度。在陳由豪發表公開信的當天及隔天，連戰在參加造勢晚會時猛批黑金，但絕未提及「陳由豪案」，只是說「我們厭惡現在的黑金」，之後一個星期內，連戰只批陳水扁未把陳由豪案交代清楚，呼籲陳水扁出面說明，但未就陳由豪所指事件細節批評陳水扁。

至於國親立委則對陳由豪案採取窮追猛打的態度，在案發後一個星期內，國親立委幾乎天天到競選總部砲轟民進黨，主要是針對陳哲男、吳乃仁等人的操守提出質疑，譬如質疑陳哲男介入多起關說案、批評吳乃仁及立委張清芳想吃掉陳由豪的

東展企業，才造成陳由豪的大反撲等等。對於陳水扁陣營當時說只收過陳由豪一千萬元的政治獻金，國親立委也要求陳水扁承諾，若多收陳由豪一元的政治獻金就必須退選。國親立委在競選總部召開記者會就陳由豪案對民進黨火上加油的動作，反陷入綠營「連宋當選，黑金復辟」的泥沼，引發主任委員王金平的不滿，因此下令國親立委不得再在總部開記者會對陳由豪一事發表意見。（林敬殷等，2004）

　　陳由豪案發生後，連宋陣營也立即順勢表示要推動政治獻金法，以遏制現在的黑金狀況。

　　由於陳水扁陣營攻擊陳由豪案是由國親策劃，連宋競選總部除反駁外，對陳由豪案也轉趨低調，包括後來陳由豪幾次在媒體放話、再公佈一封公開信、在美國召開記者會、及「大老」沈富雄出面召開記者會證實曾陪陳由豪到過陳水扁官邸，連宋競選總部都只要求陳水扁把話說清楚而已，並表示這是民進黨的家務事，跟連宋沒有關係。

（四）三一九槍擊案

　　總統選舉投票日前一天發生震驚國際的槍擊案，雖然這起事件發生後的第二天即為投票日，讓這個議題在選前並未有足夠的時間發酵，但由於槍擊案是造成連宋從一路領先到落敗的重要因素，連宋總部甚至因為質疑槍擊案是陳水扁自導自演，在選後提出「選舉無效之訴」，不承認選舉結果，因此本文在此對槍擊案發生後，連宋總部對此議題的反應略作描述。

　　三一九槍擊案是發生在2004年3月19日的下午1點45分，當時陳水扁和呂秀蓮正在台南進行車隊掃街拜票，後來新聞媒體開始報導陳呂雙雙遭到槍擊，一開始資訊相當混亂，有些媒

體還曾報導陳呂僅是遭蜂炮炸傷。總統府一直拖到下午五點多才由秘書長邱義仁對總統受傷的事件展開說明，但是對許多事情的描述仍是交代不清。

　　在確定陳呂是遭槍擊之後，連戰立刻取消在台北市的掃街拜票活動，回到國民黨黨部與幕僚研商因應之道，針對是否要質疑槍擊案的真假，以及是否要停止競選活動等事項進行討論。在當時資訊相當不明的情況下，連戰一直到下午五點，才在王金平、馬英九、林豐正、蔡鐘雄陪同下，於國民黨中央黨部一樓記者室召開臨時中外記者會，除表示國親強力譴責任何形式的暴力，祝福陳呂早日康復之外，並呼籲政府相關部門應及時公布事件始末，讓全民瞭解事實真相。連戰也當場宣布，停止國親選前之夜由北到南四場大型造勢晚會活動。

　　王金平在當天下午七點，到競選總部再度召開記者會，表示連戰已經打電話向陳水扁總統表示關心及慰問，原本連戰還準備到台南探視陳水扁總統，不過因為陳總統在七點多就出院回到台北，因此決定等總統回台北後再陪連主席到總統官邸探視。

　　連戰在晚間九點四十分左右，在立法院長王金平及國民黨秘書長林豐正的陪同下，抵達總統官邸前往探視陳總統。由於總統已經休息，因此連戰一行人只見到總統府秘書長邱義仁。邱義仁向連戰表示總統傷勢已無大礙，連戰便在名片上寫下「早日康復」四個字，請邱義仁轉交總統後離去。連戰隨後在連宋競選總部舉行的記者會上，對這種暴力行為再度表示強烈的譴責。

　　大體說來，連宋總部在槍擊案發生後共召開幾次記者會，內容不脫強烈譴責暴力、要求政府公佈真相、停止競選活動、及呼籲選民不要因為槍擊案而改變原本的投票意向，並未針對槍擊案的真假進行質疑。

雖然無黨籍立委陳文茜最後在競選總部召開記者會，質疑槍擊案的真相，將當時各地所傳來槍擊案的疑點在媒體前公佈，並要求陳呂總部說明，但馬英九隨後向媒體表示那是陳文茜的個人意見，不代表總部立場。不過由於陳文茜是在競選總部召開記者會，因此不少媒體及選民還是將之視為競選總部的立場。

四、對議題的主動或被動

前面提過，競選總部在選戰過程中，有時會主動設定選戰議題，有時則是被動回應對手拋出的議題或回應媒體自行設定的議題。以下本研究透過內容分析法，分析連宋全國競選總部設定議題的主、被動性。

（一）操作型定義

1. 主動：競選總部所發布的新聞內容為主動設定議題，包括提出新政策、辦理新活動、主動發現對手的弊案。例如在 2004 年 3 月 5 日主旨為「0305 新聞稿-連戰募兵制記者會」的新聞稿中，連戰不但提出募兵制的政見，更將募兵制的優點完整的指出，此為國親陣營率先提出的政見，故列在此類目中。

2. 被動：競選總部所發布的新聞內容為被動回應外界拋出的議題。例如在 2004 年 2 月 20 日主旨為「連方瑀和女傭澄清—打老婆說」的新聞稿中，新聞稿內容為連戰夫人連方瑀出面否認連戰有打老婆，由於連戰家暴事件是民進黨所設定的議題，而非連宋主動設定的議題，因此列入被動類目。

（二）連宋總部回應議題高於設定議題

從表 5-3-1 可以發現，在連宋發布的新聞稿中，被動回應議題的高於主動設定議題，可以看出這次選戰中，藍營處於防守居多。

表 5-3-1：對議題的主被動性

	次數	百分比
主動	149	42.6
被動	191	54.6
其他	10	2.9
總和	350	100.0

資料來源：本研究整理

第四節　新聞價值

　　新聞要能見報，就要符合媒體所認定的新聞價值。從新聞訊息傳播者召開記者會，到新聞聯絡人把記者會的內容寫成新聞稿，在這之中新聞稿的新聞價值共有兩個人來決定，先是競選總部發言人根據他所認定的新聞價值召開記者會，然後新聞聯絡人再從記者會的內容中，根據自己所認定的新聞價值擷取發言內容寫成新聞稿，所以若要探討連宋競選總部新聞稿的新聞價值，同時必須討論新聞訊息傳播者所認定的新聞價值，以及新聞聯絡人所認定的新聞價值。

一、競選總部人員所認定的新聞價值

　　根據鄭自隆（1992：155），競選總部新聞發布可參照五個新聞價值：時宜性、接近性、顯著性、影響性、及人情趣味。不過，連宋全國競選總部從發言人召開記者會，到新聞聯絡人將記者會內容寫成新聞稿，並未全面針對這五個新聞價值進行新聞發布。發言人蔡正元召開記者會所依據的新聞價值，就是抓新聞脈動（訪談紀錄 A1），也就是當時最熱門的新聞議題；而新聞聯絡人撰寫新聞稿所依據的新聞價值，則也是最新的新聞焦點（訪談紀錄 A2）。

二、媒體記者所認定的新聞價值

根據研究者對媒體記者進行深度訪談的結果，當研究者問到他們處理這次總統大選新聞所依據的新聞價值為何時，大多數的媒體記者強調，競選總部能不能設定選戰議題，或是新聞發布的內容有沒有跟當天新聞重點及新聞議題有關，才是他們考慮會不會將新聞篇幅做大的最主要原因。若是競選總部發布的新聞跟當天媒體關心的選戰議題有關，或是競選總部主動設定了一個媒體覺得有興趣的議題，則媒體就會把這則新聞做大。反之，若是競選總部發布的新聞跟選戰議題無關，媒體則常常視而不見，如果抓不到當天的新聞重點，就等於做白工。

在本次總統大選中，常常發生一個現象，就是發言人自己找了一個主題召開記者會，結果媒體記者一個字都不登，反而是媒體記者在發言人發言完畢後，針對當天所發生的選舉事件詢問發言人的反應，這部分卻被登的很大。在這裡也可以證明，當天媒體關心的新聞議題才是影響競選總部能不能上新聞的重要依據。由此，競選總部在從事新聞發布時，試圖去創造一個媒體有興趣的議題，或是回應媒體關心的議題，隨著選戰議題的發展來決定發布什麼新聞，才是能攻佔媒體版面最有效的方法。

因此從這個角度來看，總統大選新聞發布的新聞價值，應該是建立在選舉議題的發展，競選總部的新聞發布若要有效搶佔媒體版面，必須要了解當天媒體關心的議題是什麼，或是設法領導一個選戰議題。

三、連宋總部新聞發布與新聞事件的關係

基於總統大選中，選舉新聞價值與新聞議題的關係，本研究將 2004 年總統大選的新聞事件整理之後，檢視每個新聞事件

後三天連宋陣營所發布的新聞稿，然後將和這個新聞事件有關
的新聞稿數量於表格中新聞事件的右方表示出來，（參考表
5-4-1），由表格中我們發現，於後三天中有隨著議題跟進發布的
新聞稿共有 66 篇，可以看出連宋陣營大致有跟著選舉事件發布
新聞，特別是在重大的新聞事件發生後，如陳由豪事件，吳淑
珍進出股市，313 大遊行等，新聞稿量更是大幅增加。

表 5-4-1：新聞發布與新聞事件的關係表

時間	事件
2003.12.07	連宋全國競選總部成立 0 篇
2003.12.10	民進黨提名陳水扁競選連任 0 篇
2003.12.11	陳水扁宣佈副手為呂秀蓮 1 篇
2004.01.02	連戰公佈家產，引發家產爭議 1 篇
2004.01.14	李遠哲、王永慶、林懷民發表「對總統大選的沉重表白」1 篇
2004.01.16	陳水扁公佈 320 公投兩個題目 4 篇
2004.01.30	公投辯論會 2 篇
2004.02.02	陳由豪發表致陳水扁三封公開信，引發政治獻金疑雲 10 篇
2004.02.13	候選人號次抽籤，「陳呂配」1 號，「連宋配」2 號 0 篇
2004.02.14	第一次總統候選人電視辯論會，為我國選舉史上首例 6 篇
2004.02.19	媒體揭露吳淑珍在一月間進出股市交易額近 3000 萬元 4 篇
2004.02.21	第二次總統候選人電視辯論會 8 篇
2004.02.28	綠營發起二二八百萬人手牽手 12 篇
2004.03.06	第一次總統候選人政見發表會 3 篇
2004.03.12	選務爭議 3 篇
2004.03.13	藍營發動「換總統、救台灣」大遊行 9 篇
2004.03.19	陳水扁、呂秀蓮遭槍擊 3 篇
2004.03.20	扁呂驚險連任公投皆被否決 連宋提出選舉、當選無效之訴 0 篇

資料來源：本研究整理

四、不具新聞價值的新聞發布個案

　　新聞發布必須引導選戰話題，或是切合當天媒體的重點，也就是必須與大環境的氛圍相合，如果堅持自己玩自己的，很可能第一線記者連回報都不回報，就直接放棄報導。舉例來說，連宋總部在 2004 年 2 月 27 日曾針對民進黨對邦聯制的說法整理一張圖表（參考圖 5-4-1），召開記者會批評陳水扁得了「政治失憶症」，但是那是一個獨立事件，跟當天的新聞風向無關，所以被記者們認為沒有新聞價值。（訪談紀錄 B2）

圖 5-4-1：陳水扁得了政治失憶症

資料來源：連宋全國競選總部新聞發布資料

　　綜合本章所述，經過研究者以內容分析法分析連宋全國競選總部所發出的 350 篇新聞稿，結果發現：

1. 新聞發布主題策略方面：

　　連宋全國競選總部發出的新聞稿以攻擊他人最多，但是在候選人及總部發言人的分工上，候選人以陳述政見為主，總部發言人則重在攻擊。攻擊對手主要在攻擊對手的個人特質與家庭。

2. 新聞發布時間策略方面：

　　連宋全國競選總部的新聞發布頻率，的確有隨著選舉日的逼近而成長。若將選舉期間分為前、中、後三期，連宋陣營前期以陳述政見為主，中後期以攻擊他人最多。候選人三個時期都以陳述政見為主，總部發言人三個時期則都以攻擊他人為主，看不出選舉主題策略有因時間而做調整，不符學者所指臺灣的競選策略一向是「前期塑造形象，中期提出政見，末期攻擊對手，最後一兩天求救」。

3. 在新聞議題方面：

　　連宋這次主打經濟議題，但並未受到媒體的青睞，反而是募兵制及大台北縣市公投等議題，因為和民進黨的主張有衝突，受到媒體的注意，且被媒體認為是連宋陣營打的議題中較佳的。另外，連宋全國競選總部所發布的新聞中，被動回應外界議題的次數較多，主動設定議題次數較少。

4. 在新聞價值方面：

　　競選總部發言人召開記者會、以及新聞聯絡人將發言內容寫成新聞稿，所依據的原則都是當天熱門的新聞議題與新聞焦點。媒體記者所認定的新聞價值也是當天的新聞風向及議題。本研究分析連宋總部的新聞稿發現，連宋全國競選總部發布新聞的確跟當時的新聞事件有關。

第六章　連宋全國競選總部新聞發布工作總體評估

　　本章針對連宋競選總部新聞發布的過程進行檢討，檢討的方式是對這次主跑連宋全國競選總部的媒體記者進行深度訪談。由於媒體記者和競選總部在新聞發布工作上是「消費者」和「生產者」的關係，了解「消費者」的需求，將可讓「生產者」生產出更適當的產品。同樣的，在新聞發布工作上，若了解新聞工作者的「守門人原則」，亦有助新聞發布工作的進行。

　　本章共分三節，第一節是檢討連宋總部新聞發布運作面，包含新聞發布決策機制及新聞稿的產製及發送兩部分，至於競選總部人員與媒體記者的互動關係部份，因為在第四章第四節已經介紹過，在這裡不作贅述；本章第二節針對新聞發布內容層面進行檢討，分為新聞價值、新聞主題、及新聞議題三部分，這三部分有些許重疊之處，即媒體所認為的新聞價值有時和新聞主題或新聞議題有關；本章第三節就新聞發布綜合層面進行檢討，在不提示任何細項的情況下，讓記者自行說出影響競選總部新聞能不能順利搶佔媒體版面最重要的因素。

第一節　連宋總部新聞發布運作過程檢討

一、新聞發布決策機制檢討

　　受訪記者普遍認為，連宋全國競選總部的新聞發布決策機

制應改進的地方在於多頭馬車、分工不明，以及有時對於議題的反應不夠迅速；另外，多頭馬車也造成發言人有時發言會狀況外。因此，一條鞭的新聞決策機制，以及迅速的議題反應能力，是受訪記者們給競選總部從事新聞發布時的建議。

（一）決策多頭馬車缺乏整合

連宋全國競選總部在整個選舉當中，讓受訪記者感覺有四個新聞指導來源，分別是競選總部、國民黨主席辦公室、國民黨文傳會系統以及立法院系統（緊急應變小組），這樣的運作也沒有不可以，但是缺乏整合的機制。（訪談紀錄 B5）

決策多頭馬車造成下列幾項缺點：

1. 發言人容易狀況外

新聞決策機制太多，發言人不可能參與全部的決策過程，所以當有一個系統將訊息釋放給記者後，如果記者找發言人求證，發言人可能因為搞不清楚狀況，而無法給媒體記者正確的訊息。（訪談紀錄 B3；訪談紀錄 B5）

2. 選戰調性混亂

不同的新聞決策者如果未經整合，卻透過媒體各自表達對議題的看法，將造成選戰調性的混亂。在這次選舉過程中，曾發生立委系統到競選總部來開記者會，但其實記者會的內容和競選總部主打的調性不合，譬如當陳由豪給媒體發了三封信後，競選總部主任委員王金平曾下令競選總部在狀況未明前，不要對此事發表意見，而立法委員們則在陳由豪事件發生後，連續幾天在競選總部召開記者會就此事炮打綠軍，因此兩者出現矛盾。（訪談紀錄 B4；訪談紀錄 B1）還發生過立委開記者會罵李傳洪是水餃李，其實李傳洪是宋楚瑜的支持者。（訪談紀錄 B2）還有包括早上

發言人才開記者會說要唾棄負面選舉，下午就公佈一支負面的競選廣告。其他如公投議題的看法上，競選總部的決策也出現不合的情況，並且也都各自對媒體放話。

3. 競選總部的功能被模糊

在競選總部開的記者會就是代表總部的立場，立委如果在競選總部開記者會，就是代表競選總部發言，譬如陳文茜在三一九當晚到競選總部開記者會質疑槍擊案的真相，記者就會認為這是競選總部的立場，雖然馬英九後來表示那是陳文茜的個人意見，但記者們卻不這麼認為。在整個選舉過程中，很多立委都會到競選總部開記者會，但不見得和選戰有直接關係，譬如有高雄市選出來的立委到競選總部質疑高雄市蓋的進水場根本沒有完工。這些東西在立法院開記者會就可以，如果跑來競選總部開，就會把競選總部的功能模糊掉。（訪談紀錄 B4）

4. 造成記者困擾

由於決策是多頭馬車進行，彼此之間沒有整合，因此記者在採訪過程中，都各自憑管道亂問，除了造成資訊混亂之外，也造成媒體記者採訪上的困擾。（訪談紀錄 B3）太多人到競選總部開記者會的結果，也會讓記者懷疑，這些立委到底能不能代表競選總部的立場，記者會的內容和選舉到底有何關係。（訪談紀錄 B4）

5. 重複發言

不同的新聞決策單位如果針對同一件事情在同一天的上下午召開記者會，做太多類似的發言，反而是自己吃掉自己的新聞。（訪談紀錄 B2）

因此，競選總部新聞決策應有一條鞭的整合機制，而且發言人要能參與這個決策過程。如果沒有整合機制，也應該要有新聞解說者（news teller），能不斷的跟記者聯絡，保持密切的互

動，把相關的新聞訊息告訴記者，讓記者不至於感到困擾。新聞解說員和發言人是不一樣的，發言人是對著麥克風講話，news teller 則是去解讀各新聞決策者的訊息，去告訴記者那是什麼意義。（訪談紀錄 B5）

　　新聞決策者也應彼此互相合作，譬如有些記者會不適合在競選總部開，就移到黨中央開，或是在立院黨團開，像追打陳由豪的記者會就適合在立院黨團開。（訪談紀錄 B1）

（二）掌握議題反應的時間

　　新聞處理與一般論述最大的差別就在於「快」，政府部會或政黨因為組織嚴謹，作評論或回應自然有其層層節制的機制，但是新聞工作卻是最不講究程序，最常「便宜行事」的行業，如果有任何議題，需要競選總部作出回應或評論，記者希望能在第一時間做出回應，即使這樣的回應很粗糙也沒有關係，但就是要在第一時間做回應，連宋總部部分發言人可以滿足媒體這樣的需求，主觀上這樣的發言人確實符合了媒體的需求，但從客觀角度看，快速但不太進入狀況的回應，對競選總部並不是好事。一個反應快又在狀況內的發言人，是最完美的發言人（對需要錄音的廣播新聞記者尤其如此），但是受限於現實環境，符合這種條件的發言人，並沒有在這次的大選中出現。（訪談紀錄 B6）

　　有受訪記者認為這次連宋陣營是處於防守的狀態，防守就是被動，對敵對陣營的攻擊做出回應及反擊，澄清的速度非常重要。（訪談紀錄 B2）在選戰前期的時候，感覺綠營每次丟出重大議題的時候，藍軍的反應不夠快，讓那話題有了發酵的空間，後來就比較好。（訪談紀錄 B4）譬如陳水扁提出催生新憲法的說

法後，記者要求連戰作出回應，連戰一開始說無聊，說那是選舉的操作，然後不提自己對憲改的主張，每天在晚會上講拼經濟給媒體舊的東西，讓媒體覺得了無新意，兩個禮拜過後才在造勢晚會上談憲改，憲改的議題本來就會是媒體焦點，這樣就已經讓陳水扁的制憲說在媒體發酵了一陣子。（訪談紀錄 B3）

二、新聞稿的產製與發送

平面記者、電視記者及廣播記者對新聞稿產製及發送的要求略有不同，因此以下個別說明：

（一）平面記者對新聞稿產製與發送要求

1. 總部發出的新聞稿對平面記者處理新聞有幫助

競選總部通常是在召開完記者會後，再把新聞稿發給記者，既然記者都會來記者會採訪，那事後再發新聞稿給他們到底有無功用？研究結果發現，受訪的平面記者一致認為連宋競選總部發新聞稿給他們，或多或少對他們在新聞處理上有幫助。對平面記者來說，不可能一整天都待在競選總部，有時候趕不上參加競選總部召開的記者會，有時候是稿子太多還有別的新聞要處理沒有辦法到現場，所以必須要仰賴競選總部的新聞稿。競選總部新聞稿發的誘不誘人，也會影響到新聞記者對這個議題的關心。如果競選總部有發新聞稿的話，對競選總部的新聞增加曝光度是有幫助的。

對於新聞稿的參考程度，平面記者大多是擷取其中的重點，很少拿來全文照抄，因為每位記者對新聞稿中有興趣的部分都不一樣，通常是看到其中的一點，如果覺得有興趣，再去問相關的人，然後把其他的東西補進去，有時可以寫很多不一樣的東西進

去；有的記者即使有來競選總部採訪，也會先按照自己的紀錄寫完新聞之後，再拿競選總部的新聞稿來看有無遺漏的部分。

2. 平面記者對於新聞稿的寫作有下列要求：

(1) 長度

　　　　在新聞稿的長短方面，每位記者的需求並不統一。有的受訪記者希望收到的新聞稿的長度是越長越好，有的記者甚至希望新聞聯絡人能有聞必錄、全文提供。記者認為新聞聯絡人不一定知道記者想要的東西，新聞稿只是材料。如果新聞稿夠長，記者可以自己去找出比較有意思的點。但也有記者認為，新聞稿要有重點，盡量不要超過1000字，如果太長的話重點會很亂，對於急著要用的記者來說會很痛苦，最好是在600字到1000字上下。（訪談紀錄B2）也有記者雖然認為新聞稿長比短好，因為長的可以刪，但是也應該控制在5、600字之內。（訪談紀錄B4）

(2) 精確

　　　　記者採用新聞稿的部分，通常是發言人的直接用語，所有有關發言人的發言要精確紀錄在新聞稿內，不可用類似的詞來代替，因為記者要直接將這些引語用在新聞內。

(3) 形容詞及場景的敘述少一點

　　　　對報紙來講，常常需要的是一些震撼的話，發言人罵人的那一段話就是重點重點。新聞聯絡人撰寫新聞稿時應該多引用這一類的「引語」，反而是形容詞、評論、及場景的描述可以少一點。（訪談紀錄B2）

(4) 角度

　　　　在新聞稿的角度方面，每位記者的要求也不相同。有記者認為，新聞聯絡人應先幫記者把新聞角度選出來，然後

把跟這角度相關的引語放在導言或在描述的階段，這樣就構成一篇完整的新聞稿。（訪談紀錄B2）有記者認為總部的新聞稿若有新聞稿的格式，這樣記者就可以不需要再組織。（訪談紀錄B4）也有記者認為角度應該是記者自己來決定，應該是看完新聞稿自己再決定角度。（訪談紀錄B1）

3. 平面記者對新聞稿發送有下列要求：

(1) 在截稿前傳出

競選總部的新聞稿，必須要在記者截稿時間前傳給記者，否則記者就沒辦法用到。以平面記者來說，填搞單的時間大概是三點左右，截稿時間為十點半截稿；蘋果日報稍有不同，中午十二點半就會填稿單，五點再填一次，截稿時間比較早，九點必須把稿子寫完。因此，競選總部的新聞稿，最好在九點之前就能傳出去，否則就意義不大。有些候選人下鄉的新聞稿，因為造勢晚會結束時間較晚，競選總部在晚會結束後才將稿子傳出去，已經超過晚上十點、十一點，除非是非常重要的內容，否則記者都不太會用，在記者的印象中，並沒有用過截稿之後才傳出去的稿子。（訪談紀錄B2；訪談紀錄B4）

(2) 速度越快越好

研究結果發現，所有的記者對於新聞稿發送最大的要求，就是速度要快。雖然日報是隔日才出刊，但若新聞稿發送速度快，對記者新聞處理影響仍然很大，這是因為記者看到這篇新聞稿後，如果覺得有興趣，或是這個議題是有發展性的，報社就會找其他記者就相關議題再去找其他材料來配合，把這個議題呈現的更完整，（訪談紀錄B4；訪談紀錄B1；訪談紀錄B5），所以在一場記者會結束後，新聞聯絡人寫稿及傳稿的速度相當重要。

(3) 用E-mail傳

所有的受訪記者都希望競選總部用e-mail的方式傳稿，因為記者一定會帶著電腦出去採訪，但不會在報社等著接傳真，受訪記者在接收總部的e-mail時都沒有遇到問題；另一個原因就是e-mail的檔案是電子檔，記者可以直接複製內容，不須重新打字，可以省下很多時間。

（二）電視台記者對新聞稿產製與發送的要求

1. 電視台比較用不到新聞稿

電視台主要需要的是畫面，因此每場記者會記者均會到場採訪，所以事後才傳的新聞稿對他們來說意義不大。

2. 電視記者對新聞稿的內容有下列要求：

(1) 多一點資訊及數據

電視台比較需要的數字及資訊，所以提供他們某些數據，可能比給他們新聞稿還實用，譬如連戰公佈財產的記者會，記者就需要連戰實際每筆財產到底金額是多少。（訪談紀錄B3）

(2) 短一點、重點更凸顯

電視新聞製作講究的是時間，因此電視台記者希望新聞稿能夠短一點，讓重點能夠更被凸顯，以免主題太多，讓重要的東西不能成為議題。競選總部一度在連戰參加造勢晚會之前，將演講全文先發給記者，這演講全文是按照連戰說話順序編排，並沒有視議題的重要性把重要的東西放在稿子的前面，反而把記者認為重要的東西放在稿子不起眼的地方，因而被他們忽略。譬如有一次連戰的講稿提到要成立區域政府、大台北縣市要合併公投，這個東西對

媒體有賣點，可是卻被放在稿子的中間，而前面一堆開場白批評陳水扁四年施政的弊端，都是老調重談，使記者聽到不想再聽。合併公投的議題應該要擺在前面，才會被大家重視。（訪談紀錄B3）

3. 電視台記者對新聞稿的傳送有下列要求：

   (1) 在記者會時同步發新聞稿

   連宋競選總部的新聞稿是在記者會結束後，新聞聯絡人才將記者會內容寫成新聞稿再傳出去，可是因為電視台講究即時，所以電視台記者認為，連宋競選總部新聞稿傳的太慢，有些東西應該同步在記者會上發，讓他們先參考。譬如民進黨的做法就是這樣，他們會把記者會的基調定出來，並先列在新聞稿上發給記者，發言人的講話會依循這個東西。

   (2) e-mail及傳真傳稿都需要

   電視台喜歡e-mail收新聞稿，但也希望總部同時傳真到電視台內，因為有時候記者在外頭作業，無法收電子郵件，如果總部有重大訊息要宣佈，還是需要傳真到電視台內才能讓人看到，所以要同步。

（三）廣播記者對新聞稿產製與傳送的要求

廣播記者認為，廣播新聞製作的特質在於「沒有截稿時間」，也就是時時都是截稿時間，因此不會有「稿單」或「截稿」等問題，也正是因為有必須在第一時間處理的壓力，因此對新聞稿的需求度，會比一般平面媒體要高，倘若新聞稿的內容重點，或至少在格式上符合新聞處理的需求，則新聞稿將會是非常有用的媒介。（訪談紀錄 B6）

1. 長度越短越好

　　　　除非有文件或圖表作附件，否則長度愈短愈好，最好能以一般播報速度，也就是一分鐘兩百四十到兩百七十字，在一分三十秒以內能結束，換算以不超過四百字為原則，字數太多可能反而讓重點不明。（訪談紀錄 B6）

2. 符合新聞稿格式
3. 因為沒有截稿時間，傳稿速度要快。速度越快，新聞越快出現。
4. 用電子郵件傳送，傳真則因為記者不常回公司，基本上沒有效果。

第二節　連宋總部新聞發布內容檢討

一、新聞價值

　　當媒體記者被研究者問到處理這次總統大選所依據的新聞價值為何時，媒體記者的回答並不是完全如鄭自隆（1992：155）所提出的時宜性、接近性、顯著性、影響性、及人情趣味。記者們的回答差距很大，有的認為新聞價值在於是不是主動發布的政策（訪談紀錄 B5；訪談紀錄 B1），有的記者認為要看內容夠不夠新，有的認為要看有沒有搭到選戰的議題（訪談紀錄 B4），有的喜歡處理具衝突性的新聞。但是基本上大家都認為，競選總部在從事新聞發布時，要跟著當天的新聞風向走，也就是要搭配當天媒體的重點，也就是新聞發布必須與大環境的氛圍相合。競選總部新聞發布內容有沒有跟當天的新聞重點及新聞議題有關，才是他們考慮會不會將新聞篇幅做大的做大的最主要原因。（參考表 6-2-1）若是競選總部發布的新聞跟當天媒體關心的選戰議題有關，或是競選總部主動設定了一個媒體覺得

有興趣的議題，則媒體就會把這則新聞做大。反之，若是競選總部發布的新聞跟選戰議題無關，媒體則常常視而不見。

　　鄭自隆所提的五個新聞發布依據的新聞價值，某種程度看來並不適用於總統大選的層級。譬如舉顯著性為例，鄭自隆認為候選人拜訪那些名人，或是哪些名人拜訪了候選人是新聞價值，但總統候選人往往自己本身就是最有名的人，即使有名人拜訪他們，也不足為奇，除非那個名人非常特別，但是相對來說這種人很少。黨國大老如果去替立委候選人站台，立委候選人可能可以發個新聞稿，可是如果黨國大老來替總統候選人站台，那就沒什麼特別的了。

　　記者認為，新聞發布人員在寫稿時應該要事先掌握當天的新聞重點，再寫稿時就比較能符合媒體的需求。對於連戰的談話，還算掌握的住新聞感節奏（訪談紀錄 B5）；競選總部有時會舉辦和當天新聞焦點無關的記者會，譬如連宋總部曾整理民進黨對兩岸關係所有前後矛盾的說法，並召開記者會批評民進黨票選票，但是那是一個獨立事件，跟當天的新聞風向無關，所以被記者們認為沒有新聞價值。（訪談紀錄 B2）

表 6-2-1：記者處理這次總統大選新聞所依據的新聞價值

受訪記者	處理這次總統大選新聞所依據的新聞價值
B1	當天新聞發展、新的政策、回應時事
B2	當天新聞重點、衝突性、弊案、重大政策
B3	新意、衝突性、變動性
B4	選舉議題、聳動性、影響性、即時性
B5	新聞議題
B6	新聞話題

資料來源：本研究整理

二、新聞主題

（一）記者偏好的新聞主題不相同

每位受訪記者所喜好處理新聞主題不太一樣，有兩位受訪記者較喜歡陳述政見的新聞、有兩位受訪記者喜歡攻擊對手及反駁對手的新聞，有一位受訪記者喜歡塑造形象的新聞，有一位受訪記者沒有特別偏好（參考表 6-2-2）。

（二）新聞主題對記者新聞處理的影響

受訪記者普遍認為，在這次負面掛帥的選舉當中，陳述政見式的新聞能見度比較不高，而攻擊對手及反駁對手的新聞都可以做的比較大。

1. 陳述政見新聞難處理

喜歡陳述政見的記者認為，選舉政策和選舉主張會對台灣的未來產生比較大的影響力（訪談紀錄 B5），也有記者認為政策比口水戰來的吸引人（訪談紀錄 B1）。但是政策很難包裝很難陳述，對選民來講很難有吸引力。而且，這次民進黨一直主打負面文宣，事實上是負面文宣主導了一切。這次連宋雖然試圖丟出一些政策的議題，譬如請諾貝爾經濟顧問來台救經濟、國土重新規劃、或募兵制，但民進黨根本不跟國親討論政策，一直丟出負面的議題，而且議題進展的速度非常快，拖住新聞的強度，使得沒有足夠的媒體篇幅讓政策辯論。（訪談紀錄 B5；訪談紀錄 B4）

2. 攻擊對手及反駁對手容易獲得大篇幅報導

至於攻擊對手及反駁對手的新聞，只要一方提出很具體的指控，如果看起來幾乎是事實，那媒體一定會花很大的篇幅讓他說，並且讓對方反駁，所以可以得到很大的篇幅。（訪談紀錄

B5）攻擊對手跟反駁對手是有具體事證及內容的，譬如質疑陳由豪、水餃李跟總統府的關係、攻擊陳幸妤及陳致中的財產、或反駁民進黨將連戰土地膨脹二百倍，這種東西很好處理，觀眾容易消化也容易看的懂。（訪談紀錄 B2；訪談紀錄 B3）攻擊對手容易流於口水戰，媒體雖然喜歡這種「熱鬧」的新聞，因此通常做的很大，但是並不鼓勵。（訪談紀錄 B3；訪談紀錄 B4；訪談紀錄 B6）

　　另外，關於塑造形象的新聞，雖然有一位受訪記者表示喜歡處理這一類新聞，但也有記者認為這次總統大選的參選人都已在政壇上打滾多年，形象都已定型，所以形象塑造沒有任何意義。（訪談紀錄 B3）

（三）連宋總部新聞主題的改進之處

1. 陳述政見應創造口號

　　由於政見內容太過複雜，媒體難以講的清楚，選民也很難消化，因此，陳述政見應創造簡單的口號，讓媒體及選民容易了解，千萬不能丟一堆東西出來讓人看不懂。（訪談紀錄 B3）另外，發布政策時，也不應把整本政策白皮書丟給記者，應先幫記者把重要的東西抽出來，作為一個引導新聞的線頭，再把其他重要的政策細節帶出來。（訪談紀錄 B4）

2. 攻擊對手及反駁對手證據要充足

　　記者處理負面的攻擊因為無法判斷真偽，所以都要多方求證，如果攻擊對手或反駁對手時證據充足，讓媒體認為那是事實，媒體就會花大篇幅讓競選總部來說明。（訪談紀錄 B5）連戰在財產議題上能反敗為勝、壓制民進黨的廣告，靠的就是證據，找出民進黨把連戰土地的小數點點錯。（訪談紀錄 B2）

表 6-2-2：記者偏好的新聞主題

受訪記者	記者偏好的新聞主題
B1	陳述政見
B2	攻擊對手、反駁對手
B3	攻擊對手、反駁對手
B4	塑造形象
B5	陳述政見
B6	無特別偏好

資料來源：本研究整理

三、新聞議題建構

（一）對連宋競選總部新聞議題內容的檢討

在本次總統大選當中，國家認同的議題（譬如愛台灣、制憲）及候選人醜聞的議題（譬如家暴、家產、吃水餃、炒股票）比較受到媒體的青睞。國家認同議題由於可以煽動群眾的情感，而且牽涉到國家未來的走向，在新聞的強度上比較夠，給人的印象也比較深；候選人醜聞的議題則是因為媒體喜歡大肆報導候選人之間互相攻擊的話題，因此獲得大篇幅的新聞報導。

這次大選議題完全被綠軍所主導，民進黨的打法就是把新認同都歸功於他，把醜聞都歸咎於別人。連宋這次的選戰策略則是企圖讓選民相信他們是比較好的技術官僚，譬如他們可以把經濟、兩岸關係搞好，但卻沒有提出一個具有視野的議題，沒有用一個比綠軍建國議題更激烈的東西，以訴求情感的方式激化選民，所以當綠軍提出公投制憲或國家正名等激烈的議題出來之後，整個選戰就被綠軍拉著走，被迫一直跟著民進黨的

議題。至於醜聞的部分，因為兩邊你來我往，所以相對打平。(訪談紀錄 B5)

前面提過，在這次總統大選中，連宋的競選主軸為「拼經濟、拼和平、救臺灣」，因此經濟跟兩岸關係是連宋的主打議題，但經由訪談記者得知，這兩項議題記者並無鮮明印象。在議題建構過程中，新聞能見度扮演了一個重要的角色，而新鮮度是新聞的一項重要元素。受訪記者認為，連戰在選戰中一直到處講拼經濟，但是經濟怎麼拼，步驟卻不清楚，講一次也許有新聞性，但是講久了就變空洞，到了後期已無新意，使得後來只要連戰再講經濟，記者們就都不處理。(訪談紀錄 B3)使得連戰拼經濟的內容是什麼、要如何拼經濟，記者本身的印象都不深刻。(訪談紀錄 B1)受訪記者認為經濟議題過於軟性、強度不夠。

媒體記者認為連戰主打的議題中，募兵制及大台北縣市合併升格是比較好的議題，在第二次總統大選辯論後，可以看出連宋競選總部後來試圖在綠軍建構的國家認同及醜聞議題外，提出一些政策主張，跳出綠軍主導的戰場。募兵制因為喊出當兵只要三個月，在媒體上顛覆了以往大家長期的印象。(訪談紀錄 B3)但可惜的是，競選總部並沒有發動一系列的文宣策略去配合，使得這些議題擴散力不夠，就算他個人表現非常突出，也很快被拉回來。

(二)對連宋競選總部議題策略的檢討

受訪記者對連宋總部議題策略的建議如下：

1. 要有步驟

在拋出議題的節奏上，媒體記者認為，新聞的發布應該要配合選戰的主軸，應該事先規劃，連宋競選總部在拋出議題的節奏

上沒有規劃，太過隨機應變，應該要有大戰略，譬如決定三個主打議題，一個議題打完再丟出另一個，而且每個議題的打法也要有規劃，決定哪個星期要發布什麼議題後，要全力用文宣去炒作這個議題。連戰每次演講都丟出一堆東西出來，重點不容易被凸顯，也很難引起議題的討論（訪談紀錄 B1；訪談紀錄 B3）。

2. 要推出新的議題

如果從頭到晚都在喊相同的東西，那媒體最後就會沒有興趣。譬如連戰不斷強調經濟議題，但是選戰後期講的東西和前期差不多，因此記者報導一次之後就不會報導。（訪談紀錄 B3）

3. 要配合文宣戰

連戰在第二次總統辯論會後，原本提出一些不錯的政見，例如國土重劃，但因為競選總部並未針對這些政見推出一系列文宣，導致議題無法擴展。這一方面是競選架構的問題，另一方面是競選團隊內部對於這個議題也沒有高度的認識。（訪談紀錄 B5）

4. 先將演講稿發給媒體

這次新聞發布有不錯的操作議題方式，就是讓媒體在連戰講話之前先拿到講稿，讓媒體有足夠時間切割議題。（訪談紀錄 B5）

5. 運用不同性質媒體的特性

運用平面媒體的報導來引導電子媒體的報導，也就是利用平面媒體有足夠篇幅的特性，利用每個媒體不同的競爭的關係，先把想設定的議題用比較完整的文字去告訴平面媒體，讓平面媒體大幅報導，第二天電子媒體看到平面媒體大幅報導就會去追這個議題。（訪談紀錄 B5）

由於媒體記者對於選戰議題如何擴展並沒有提出太多的建議，因此舉一些學者的理論如下：

　　一般說來，公共議題具備五種特質，這五種特質的變化會影響該議題擴展的可能性，試敘述如下：（孫秀蕙，1997：88-90）

1. 明確程度：為了吸引一般大眾的注意，一個公共議題在浮上檯面（例如在媒體曝光）之時，最好能將議題的性質界定的較為模糊，這樣才能吸引為數較多的公眾之注意。當議題到達一定的曝光程度時，倡導議題者必須提出明確的要求來解決議題所引發的爭議。

2. 社會顯著性：當組織在主導某項社會議題時，必須考慮該議題是否可以引起社會大眾的認同。即使這項議題不會影響社會大多數人，也要強調它「利他」、「助人」的概念。

3. 時間相關性：時間相關性牽涉到議題壽命的長短。一個對大眾有長期影響，受媒體討論時間較長的議題，比一個短期甚至早夭的議題來的容易擴展。有時候，公共議題的擴展，往往是由一個核心議題併發其他的附帶議題，組成一個值得討論的議題群，因而受到大眾矚目的程度也就越高。

4. 複雜性：如果議題倡議者可以用簡單明瞭的語言解釋議題，則它被接受的程度也越高。由於社會大眾的異質性高，因此組織並不宜以艱深難懂的方式陳述議題，增加溝通的困難性。

5. 在類型上是否有前例可循：議題是否能迅速擴展，有賴於它是否能以全然新鮮的方式出現在大眾面前。如果這項議題是前所未有的，則它吸引大眾與被

　　重視的程度也越高。對媒體記者而言，許多議題常以「第一次」、「史無前例」吸引他們的報導，就是因為媒體假設新鮮的議題往往比陳腔濫調更能吸引閱聽人的注意力。

　　民進黨在這次總統選舉當中所建構的公投議題，就符合上述五種特性，以至於公投議題成為這次總統大選最重要的議題

之一。譬如陳水扁一開始說要根據公投法第十七條發動「防禦性公投」，後來又說是「防衛性公投」，並且沒有把公投內容交代清楚，此即符合「模糊的原則」；陳水扁在推動「公投」時，不斷強調公投是人民基本的權利，是普世價值，此即符合「社會顯著性」原則；陳水扁在拋出「防禦性公投」的概念後，之後不斷引發跟公投議題有關的附帶議題，譬如他在一月拋出公投的兩個題目：「國防公投」及「和平公投」，然後是電視名嘴與政府官員的公投辯論，之後又引發有關公投及大選的投票路線爭議，讓公投議題不斷在選舉過程中被媒體討論。民進黨在推動公投議題時，將公投簡化成「愛台灣」，即投公投就是愛台灣，不投公投就是不愛台灣，此即用簡單明瞭語言解釋議題；最後，臺灣之前從來沒有辦過公投，這次是台灣人民的「第一次」，在類型上沒有前例可循。

在公投議題上，有受訪記者認為民進黨在公投法挫敗後，提出防禦性公投，假設連宋不理他，不要跟著民進黨議題走，公投議題就不會在選戰當中發生這麼大的擴散力。（訪談紀錄 B5）其實連宋總部在後來已經不願意碰公投議題，像當初中選會要辦十場公投辯論時，連宋競選總部刻意低調不派人參加，就是怕公投議題又被炒熱，不過因為電視名嘴跳出來與行政院代表辯論，讓公投議題又持續下去。

另外，在家暴議題及家產議題的部分，也有受訪記者認為雖然必須回應民進黨的攻擊，但不要一直大力的回應，這樣只會讓這議題的力道持續下去，應該提出新的政策轉移議題的焦點。（訪談紀錄 B4）

第三節　選舉新聞發布綜合檢討

前兩節分別就運作面及內容面探討過後，若將所有的因素拿來綜合比較，媒體記者認為新聞發布的內容是影響競選總部新聞能不能順利搶佔媒體版面最重要的因素，記者認為總部新聞發布的內容應該要搭上選舉議題；其次，新聞發布的時機及速度有沒有配合記者採訪上的需求，也是相當重要的因素。最後，記者在新聞處理時會秉持「平衡」及「正確」的原則，總部新聞發布也要配合這兩個原則。

一、內容

就內容層面來看，多數受訪媒體記者認為，競選總部新聞發布工作最應該注意的原則，就是發布內容必須配合當天媒體新聞議題發展的重點。競選總部新聞發布時應設法主導議題的發展，或是順著議題的潮流跟風向包裝候選人的政見，否則即使競選總部製作一個還算不錯的獨立新聞事件，也不見得能搶佔媒體版面。（訪談紀錄 B5）總部發布新聞應該切合時事，例如回應時事新聞，這樣上版面的機會比較高。（訪談紀錄 B1）新聞發布應搭上選舉的議題。（訪談紀錄 B4）

發布新聞和撰寫新聞猶如消費市場上的「生產者」與「消費者」，生產者當然希望消費者能接受生產者生產的「商品」，但是生產者也必須精確掌握消費者需求的變化，適時地作出調整，也就是說，新聞發布者想定的新聞重點，不能和記者要的重點相去太遠，因此，發布新聞者要能掌握媒體對新聞事件重點的觀察解析方式。（訪談紀錄 B6）

　　不論是平面或電子媒體，都受版面及播出時間的制約，不可能有聞必錄，每天的新聞一定會有重點議題，依照重點先後取捨，所以不能搶佔媒體版面，主要就是新聞發布切合不了當天媒體的重點，也就是新聞發布必須與大環境的氛圍相合，如果堅持自己玩自己的，很可能第一線記者連回報都不回報，就直接放棄報導。新聞發布人員應事先掌握當天的新聞重點，在寫稿時就更能符合媒體的需求（訪談紀錄 B2）。

二、發布時機

　　競選總部發布新聞的時機，是影響所發布的內容能不能攻佔媒體版面第二重要的因素，尤其電子媒體及晚報特別此點。電視台在中午十二點的午間新聞及晚上六點的晚間新聞是最重要的新聞時段，因此，上午十一點及下午五點記者都要趕著將新聞處理好以利重點新聞時段的播出，這個時候會非常忙碌，競選總部發布新聞最好避開這個時段。競選總部若在電視台接近截稿的時間發布新聞，如果不是很重要的內容，電視台就會選擇不報導。（訪談紀錄 B3）

　　就晚報來說，晚報往往能引導第二天日報的新聞主軸，如何讓發布的新聞能在晚報刊登，可以說是最重要的工作。晚報除非出現極為重大的新聞，否則以十二點半到一點為原則上的截稿時間，因此一則內容未必十分完整，但是卻能在十二點，甚至十一點以前發出的新聞，見報的機會遠比過了截稿時間，但是內容完整得多的新聞要「有效率」。（訪談紀錄 B6）至於早報，雖然時間壓力並不是那麼大，但記者也是會要求總部發布新聞時配合媒體發稿時間，有些新聞稿到了午夜十二點才發布，幾乎沒有參考價值。（訪談紀錄 B1）

發布時機還有另一層意義，就是速度要快。如果當新聞事件已經發酵一段時間發言人才出來說明，尤其是對電子媒體來講，時間拖著越晚相對能搶佔的版面就越少。（訪談紀錄 B3）

三、其他：平衡、正確

此外，經訪談記者得知，「平衡」、「正確」乃媒體記者工作上最重視的工作規則。

所謂「平衡（balance）」（McQuail，1992：224-228）乃新聞媒體以相同的篇幅或時間投注於不同「立場（side）」、利益、觀點。「平衡」原是新聞媒體服膺客觀性報導時所發展的評鑑標準，但是有實際者為了達到平衡要求，甚至會故意建構反對立場。（臧國仁，1999：86）

在選戰過程當中，當一方對另一方提出攻擊時，記者會要求被攻擊的一方做出反應；或是某一邊針對某一項議題提出看法時，記者也會並陳兩邊的意見，因此，新聞發布者應配合媒體「平衡」的原則，對各項議題都要有所回應，即使是被動回應，也能和主動攻擊者得到一樣大的媒體版面。

另外，對於媒體要求報導「正確（真實）」的原則，競選總部新聞發布者應盡量提供媒體完整的訊息，包括大量的資料及證據，以避免媒體記者認為新聞發布的內容不正確就不刊登。競選總部需要有一個新聞敏感度高的新聞說明員，跟媒體記者說清楚每個新聞背後的意義，當記者對這個新聞有興趣時，要配合記者給他很多的資料。

本章以媒體記者的角度出發，檢討連宋全國競選總部的新聞發布工作。結果發現，影響競選總部所發布的新聞能不能攻佔版面最重要的因素為新聞本身的內容，如果發布的新聞能創

造選戰議題，或是順著新聞風向包裝欲發布的內容，則容易搶到大篇幅的版面；在發布的新聞主題上，攻擊他人及反駁對手容易獲得大篇幅的報導；另外，選擇開記者會的時機、新聞發布決策機制的整合、新聞稿的質量及傳送速度也都會影響競選總部新聞能不能被媒體報導。

第七章　結論與建議

　　媒體在總統大選中所扮演的角色越來越重要，各候選人無不想盡辦法爭取新聞媒體的免費報導，以拉抬自身的選情。本書旨在探討總統大選中候選人新聞發布策略該如何擬定，才能最符合媒體的需要，讓競選總部所傳達的訊息能順利登上媒體版面。作者以 2004 年總統大選連宋全國競選總部為例，使用參與觀察法了解競選組織新聞發布的運作機制、用內容分析法分析新聞稿的內容；作者並針對採訪記者進行深度訪談，企圖了解媒體記者的需要，尋求出符合記者需要的候選人新聞發布模式，以供未來總統大選競選陣營及相關研究者參考。

第一節　主要研究發現

　　在緒論中曾提到，一個組織發布之新聞想要被媒體採用，取決於組織公關人員與新聞界之間的互動關係，以及發布之新聞內容必須符合「新聞」的定義（鄭貞銘，1995：195），因此本書探討的問題包含下列兩個面向：

　　（一）競選總部應如何運作，才能有助新聞發布工作的進行？
　　　　　（其中包含組織內部如何運作及組織人員如何與新聞
　　　　　媒體互動兩個層面）（how）
　　（二）競選總部新聞發布內容該符合哪些要素，才容易吸引新
　　　　　聞媒體報導？（what）

　　在本節中，研究者將針對緒論所設計的問題進行回答，將上述問題分成競選總部內部組織運作、組織人員與記者互動運

作、及新聞發布內容三個層面，個別先介紹連宋全國競選總部
的新聞發布工作，然後再說明媒體記者對連宋競選總部新聞工
作的檢討建議，藉此求取符合媒體記者需要的競選總部新聞發
布工作模式。

一、競選總部內部組織運作層面（organization）

（一）連宋總部新聞發布工作的內部組織運作

在總統大選當中，新聞發布單位及人員作為競選總部的對
外窗口，其背後涉及一套運作機制，此機制將決定競選總部新
聞發布的過程是否順利，以及所欲發布的新聞內容是否有效被
媒體採納。

競選總部做為新聞媒體的消息來源，對選舉新聞的產製有
一定的影響力，當競選總部越組織化、財力越豐富（越能給予
記者資訊津貼）、越具公信力，對媒體新聞的產製影響越大，因
此，為了搶佔新聞版面，連宋全國競選總部在組織上有如下的
設計：

1. 新聞訊息傳播者

連宋全國競選總部為新聞媒體的消息來源，負責面對媒體傳
達訊息的人包括候選人、發言人、競選幹部、及緊急應變小組（國
親立委），基本上是以總統候選人發言為主，發言人為輔；另外，
即時反應小組搭配競選幹部針對特定選舉策略作特定的發言。

候選人通常是在外參加選舉活動時向記者傳達訊息，因此為
了搶佔媒體版面，候選人發言會經過特別的設計；發言人是針對
新聞媒體需要而特別設計的職務，主要任務就是舉行例行記者
會，搶佔每日的媒體版面；緊急應變小組和發言人在選舉時互相

搭配，也是在競選總部召開例行記者會向媒體傳達訊息；競選幹部平常很忙，只有在宣布重大政策（譬如募兵制、縣市合併升格），或重要活動（例如 228 千萬人心連心、313 換總統救台灣）時，才會到競選總部召開記者會。

2. 新聞發布決策機制

　　新聞發布決策機制指的是新聞指導來源。任何新聞發布的動作，背後都有一個決策體系，而這決策體系的好壞自然也影響到新聞發布的順利與否。連宋競選總部有四個新聞發布決策機制，分別是候選人辦公室、競選總部、文傳會系統、及立法院系統，彼此缺乏橫向聯繫與整合。

　　前面提過，連宋全國競選總部共有四種新聞訊息傳播者，基本上新聞訊息傳播者背後應該要有相同的新聞發布決策體系，或者是經過整合與協調的決策體系，但是連宋總部的決策體系並未一條鞭的整合，導致新聞訊息傳播者對媒體的發言出現彼此不符的情況。譬如在陳由豪事件及公投的看法上，競選總部和立法院系統就出現意見不同的情況，然後各自對媒體發言，讓外界感覺連宋總部步調不一。

3. 專職的新聞發布單位及新聞聯絡人

　　為爭取媒體曝光機會，連宋競選總部特別在文宣部底下設置新聞組，內設新聞聯絡人若干名，專任新聞聯繫工作。新聞聯絡人主要工作包括新聞聯繫、新聞稿的產製與發送、及新聞服務工作。新聞聯絡人需具有媒體的專業背景才有助於工作的進行，因此連宋競選總部推派擔任新聞聯絡人者大多具有媒體背景。

　　為了降低記者採訪的成本，給予記者寫稿的方便，連宋競選總部每日均傳送大量新聞稿給記者，在競選期間共發了 350 篇。競選總部是採取記者會後發稿的方式，也就是待新聞訊息傳播者

召開完記者會、或是候選人參加活動發表談話後，新聞聯絡人再將新聞訊息傳播者的談話內容寫成新聞稿，以電子郵件方式發給記者，並不會在記者會召開的同時或之前將新聞稿給記者。

由於傳播科技的發展，新聞聯絡人也大量使用新科技來進行新聞聯繫工作，譬如使用手機簡訊發採訪通知給記者，以及用電子郵件發送新聞稿，節省時間並提高效率。

（二）媒體記者對連宋總部內部組織運作的檢討及建議

1. 新聞發布時機必須配合記者採訪工作

前面說過，連宋競選總部會以召開記者會的方式來發布新聞，但有時候在新聞發布時機的選取上並不恰當。記者們建議，競選總部發布新聞的時機必須避開記者最忙碌的時間（譬如截稿時間），尤其是電子媒體最重視這一點。如果在接近媒體截稿時間發布新聞，假如內容不是很重要，媒體就會選擇不報導這則新聞。

2. 新聞決策機制應整合

連宋競選總部有四個新聞決策機制，在總統大選這種大規模的選舉當中，這樣的運作也無不可，但必須要有正式的整合機制，因為新聞決策機制若多頭馬車，會造成發言人狀況外、選戰調性混亂、競選總部的功能被模糊、記者採訪上的困擾、及發言重複等問題；競選總部應有專人擔任 news teller 的工作，隨時與媒體記者保持密切的互動，解決記者因資訊混亂所帶來的困擾。另外，連宋競選總部對新聞議題的反應應再加快，反應越快能佔到的新聞版面越大，也可以減少對手議題在媒體上發酵的空間。

3. 新聞稿的產製與發送

發送新聞稿給記者，對競選總部搶佔媒體版面有幫助，而且新聞稿寫的好不好，直接關係到記者會不會對這個議題產生興

趣；另外，記者認為競選總部應該用最快的時間將新聞稿發出，因為記者如果發現這則新聞重要，可以有時間找其他組搭配把這個議題做大。

　　平面記者認為新聞稿長度不能太短，內容要摘錄發言人的直接用語；電子媒體則認為新聞稿要短一點，將重點更凸顯。無論哪種性質的媒體，大家都希望收到新聞稿的時間越快越好，最好是在記者會召開的同時就拿到新聞稿，或在候選人發言前就拿到講稿；媒體記者希望競選總部使用電子郵件傳送新聞稿，以利記者直接在電腦上作業，發完稿後發簡訊通知記者，讓記者知道稿子已發出。

二、競選總部人員與媒體記者互動層面

（一）連宋競選總部人員與媒體記者的互動關係

　　在選舉當中，有機會與媒體記者互動的競選總部人員包括候選人、發言人、競選幹部、及新聞聯絡人，在這之中媒體記者認為與候選人和發言人的互動關係最為重要。連宋總部候選人和發言人與媒體的互動關係如下：

1. 候選人與發言人並未特別刻意和媒體記者保持良好互動

　　　與媒體記者保持良好的互動關係，有助於新聞發布工作的進行，但在這次總統大選中，候選人及發言人在這一方面著力不深。候選人是因為忙著在各地參加選舉活動，少有時間與記者面對面接觸，有時候也不願意回答記者的問題；發言人則是認為媒體關係好或不好對新聞發布的影響不大，發布的新聞內容有新聞賣點才重要。

2. 媒體記者被候選人同化

　　　這次選舉比較特殊之處，就是政治力介入媒體很深，媒體記

者拋棄中立立場選邊站，主跑連宋競選總部的記者因為認同藍軍
的理念，被候選人同化，盡量幫候選人寫好話，有的記者還成為
連宋競選總部的助選員，私下幫候選人在選戰策略上出主意，有
的記者還表示即使競選總部發布的新聞沒有新聞性，也會想辦法
幫忙包裝，盡量將總部發布的新聞擠上媒體版面。

3. 媒體記者與競選總部人員維持共生關係

　　媒體記者與競選總部人員為了達到彼此工作上的目的，在互
動上維持著共生關係，亦即競選總部需要媒體幫忙宣傳理念，媒
體也需要競選總部提供新聞；另外，如果主跑的候選人選上，媒
體記者在報社也有比較大的發揮空間。

（二）媒體記者對連宋總部人員與媒體互動的檢討及建議

　　雖然媒體記者被候選人同化，在新聞處理上會盡量幫忙，
盡量撰寫有利候選人的新聞，但媒體記者還是建議候選人與發
言人能多和媒體記者互動，這樣候選人的政策在媒體呈現上可
以更清楚，而且可以讓記者有機會多寫一些關於候選人的軟性
新聞。如果競選總部人員不和媒體記者維持良好的互動，會讓
媒體想幫忙都幫不了。譬如當被對手攻擊時，候選人不願意回
答，或是發言人手機沒開，都會讓新聞版面呈現失衡。在共生
關係當中，如果候選人或發言人實在不配合媒體採訪的需要，
媒體記者也會故意唱反調，或者抵制一天競選總部所發布的新
聞以示抗議。

三、競選總部新聞發布內容方面

（一）連宋總部新聞發布內容分析

　　競選總部所發布的新聞應符合新聞價值及考慮主題的展

現。本研究以新聞發布主題策略、新聞發布時間策略、新聞議題、及新聞價值等四個層面分析連宋全國競選總部所發布的 350 篇新聞稿，歸納出下列的發現：

1. 在新聞發布主題策略方面

整體來說，連宋全國競選總部發出的新聞稿主題以攻擊他人最多、塑造形象最少。若個別分析候選人及總部發言人所發布的新聞，候選人以陳述政見為主，總部發言人則重在攻擊，可以看出在選戰策略分工上，連宋總部希望候選人主攻治國能力，口水戰則交給總部發言人。

另外，這次選舉以負面文宣為主，連宋總部新聞發布的主題有相當大的比例在攻擊對手及反駁對手。若將「攻擊對手」主題進一步區分為「攻擊對手個人或家庭」、「攻擊對手政見」、「攻擊對手政黨背景獲政府」及「攻擊對手選戰策略」，可以發現連宋總部以「攻擊對手個人或家庭」為主。

2. 在新聞發布時間策略方面

學者認為競選總部發布新聞應有時間策略，亦即越近投票日應越加強新聞發布，經由分析連宋全國競選總部每日新聞稿的發稿量，可以發現連宋總部的新聞發布頻率，的確有隨著選舉日的逼近而成長，但並不能就此推論連宋總部發布新聞是有時間策略的規劃，因為連宋總部新聞發布頻率的增加，是因應選戰末期兩陣營攻防逐漸增溫的結果。

另外，學者曾比較競選總部在不同競選時期的競選策略，並提出臺灣的競選策略一向是「前期塑造形象、中期提出政見、末期攻擊對手、最後一兩天求救」，經由分析比較新聞發布主題與競選時期的關係，可以發現連宋陣營前期以陳述政見為主，中後期以攻擊他人最多。若個別分析候選人與總部發言人新聞發布主

題與競選時期的關係，可以發現候選人三個時期都以陳述政見為主，總部發言人三個時期則都以攻擊他人為主，看不出連宋總部新聞發布主題策略有因時間而做調整，不符學者所指臺灣的競選策略一向是「前期塑造形象，中期提出政見，末期攻擊對手，最後一兩天求救」。

3. 在新聞議題方面

連宋全國競選總部這次主打經濟議題，但是經濟議題並未成為重要的新聞議題，原因是對手所提出的國族認同及候選人醜聞議題更吸引媒體的注意。媒體記者認為這次連宋競選總拋出的議題以募兵制及縣市合併升格最成功，在媒體上受到較多的關注與討論。另外，在連宋總部發布的新聞當中，主動設定選戰議題較少，被動回應外界議題較多。

4. 在新聞價值方面

競選總部發言人召開記者會、以及新聞聯絡人將發言內容寫成新聞稿，所依據的新聞價值都是當天熱門的新聞議題與新聞焦點；媒體記者所認定的新聞價值也是當天的新聞風向及議題，換句話說，競選總部發布的新聞應該要能主動設定選戰議題，或是順著當天新聞風向包裝自己的內容。從這一點來看，經過比對連宋總部新聞發布內容與新聞事件的關聯性，可以發現連宋總部發布新聞是有隨著新聞事件的風向。

（二）媒體記者對連宋總部新聞發布內容的檢討與建議

1. 在新聞發布主題方面

不同的受訪記者對新聞發布主題有不同的偏好，但是大家都認為陳述政見式的新聞較難包裝，在媒體上不容易呈現，而攻擊對手及反駁對手的新聞則容易被新聞大幅報導。記者建議，若新

聞發布的目的是陳述政見，應該要創造簡單易懂的口號；若是要攻擊或反駁對手，則應該要提供記者足夠的證據。

2. 操作新聞議題方面

　　記者認為，連宋陣營主打的經濟議題之所以沒受注意，是因為候選人拋出議題的節奏沒有規劃，太過隨機應變，一次丟很多東西出來，讓重點無法凸顯，而且之後再講的東西都不是新的。因此，記者建議操作新聞議題要有步驟，在每階段凸顯不同的重點，且每次拋出跟此議題有關的新內容，讓議題持續被討論；競選總部亦可用文宣戰、先將演講稿傳給媒體、及利用不同媒體的特性等方式，來操作新聞議題。

3. 在新聞價值方面

　　由於總統大選新聞都是跟著選戰的議題在走，記者認為競選總部發布新聞一定要能掌握當天的選戰議題，如果自己不能設定選戰議題，也要順著當天議題或新聞事件包裝新聞發布的內容。如果競選總部發布的新聞不能成為重要選戰議題，或是跟當天媒體關心的議題無關，即使在平常時期符合新聞性（例如顯著性、影響性），在大選時也難搶到選舉新聞的版面。

四、綜合討論

　　綜合比較上述所有會影響新聞發布工作的因素，媒體記者認為競選總部新聞發布的內容是影響競選總部新聞能不能搶佔媒體版面最重要的因素。競選總部發布的新聞最好能主導選戰議題的發展，或是順著選戰議題的潮流包裝新聞訊息。如果只是針對單一的或獨立的事件召開記者會，很難在媒體上得到大篇幅的討論。

　　本書嘗試研究一個新的主題，因為媒體在選舉過程當中扮演的角色日趨重要，研究競選傳播策略的書籍論文也越來越多，但是類似的書籍論文都偏向於整體競選文宣策略、或是競選廣告策略方面，幾乎沒有書籍是專門研究總統大選候選人新聞發布工作，即使是有討論競選總部新聞發布的文章，也都只是競選文宣策略裡的一小章節，很少有專書對競選新聞發布工作進行大篇幅的全面討論。另外，討論選舉新聞發布的論文，以立委選舉或縣市長選舉居多，沒有專門討論總統大選。不同層級的選舉新聞發布工作是有很大的差距。事實上，新聞發布工作做的好，就能獲得媒體免費的報導，不僅比競選廣告來的省錢，而且新聞報導比競選廣告的宣傳來的客觀，較容易獲得選民的採信，效果更好。本書對2004總統大選候選人新聞發布工作進行各個面向的研究，包括新聞發布決策機制、新聞發布內容、及競選總部的媒體關係，希望能引起後續研究者對總統大選候選人新聞發布的興趣。

　　另外，本書也發現一個新的觀念，亦即在總統大選中，競選總部發布的新聞若想有效被媒體採用，應該要想辦法創造議題，或是回應議題。過去討論候選人新聞發布的文獻，強調新聞發布的內容應該符合新聞價值，及要符合時宜性、接近性、顯著性、影響性、及人情趣味，但本書針對記者研究訪談發現，議題引導了整個在總統大選的新聞報導，候選人發布新聞的內容，應該創造議題，或是順著當天媒體關注的焦點包裝新聞發布的內容，這才是候選人新聞發布能不能搶到媒體版面最重要的因素。如果沒有順著議題的潮流，競選總部發布一些跟當天新聞焦點無關的內容很難佔到版面。

　　就資料的蒐集上，本書採參與觀察法、深度訪談法及內容分析法，三者搭配互補，可以避免被二手資料的誤導。舉例來說，有些研究單單以內容分析法研究候選人所發出的新聞稿，進而推論候選人的新聞發布策略，但若以這樣的研究方法研究2004 總統選舉連宋競選總部的新聞發布工作就會被誤導，因為在這次連宋競選總部中，候選人的新聞稿跟競選總部發言人的新聞稿屬不同的新聞決策系統，應該個別進行研究，而不能視為一個整體，這個現象要參與觀察法才有可能獲知。另外，本書是從了解採訪記者的需要出發，進而尋求新聞發布工作的依據，因此對線上記者進行深度訪談，在這種情況下，媒體記者的回答態度就十分重要。由於作者本人參與這次連宋競選總部新聞發布工作，與線上記者建立了朋友關係，因此記者們都盡可能沒有保留的回答，增加資料蒐集的完整性。

第二節　研究限制

一、未能對兩競選陣營的新聞發布策略進行比較

　　本書採取參與觀察法，在本次總統大選中，僅能就連宋或扁呂兩陣營選擇其一，參與觀察該陣營新聞發布策略，因此無法就兩陣營的新聞發布策略進行比較。不過，根據作者向媒體記者詢問，兩陣營新聞發布的運作大同小異。

二、受訪者的回答態度

　　由於連宋競選總部發言人較忙碌，在接受訪談時回答的比較簡短，因此在競選組織內部新聞決策這部份資料的蒐集比較

不完整，只好用媒體的報導及新聞記者訪談所蒐集的資料來補足。另外，由於連宋這次敗選，因此媒體記者在接受訪談時，常常抱持著以成敗論英雄的態度，對連宋競選總部新聞發布工作的批評遠多於讚美。

三、受限於研究方法，量化困難

本書對六名採訪總統大選的記者進行深度訪談，企圖讓記者以競選總部新聞發布的使用者的角色，提供競選總部進行新聞發布工作的建議。深度訪談法能夠協助研究者深入了解每個人對問題的看法，但有些問題每個記者的回答角度及看法並不相同，因此有些本研究所研究的問題，難以用量化的方式呈現。

第三節　研究建議

一、對競選總部的建議

本研究綜合以上的研究成果，對競選總部新聞發布工作提出以下建議：

（一）針對新聞發布工作做適當的組織設計

1. 專人擔任新聞解說員：競選總部應有專人擔任新聞解說員（news teller），和記者保持密切的互動，不斷和記者解說新聞背後的意義，提供足夠的資料激發記者寫這條新聞的熱情。

2. 一條鞭的決策機制：競選總部新聞決策機制應整合，即使有不同的對外發言系統，發言內容也應該一致。發言人應該參與決策機制。

3. 專責的新聞發布單位：競選總部應成立專責單位從事新聞發布工作，並聘請足夠的新聞聯絡人，避免因人手不足導致新聞稿質量變差及傳稿的速度太慢。新聞聯絡人宜有媒體背景。

（二）掌握新聞發布的運作技巧

1. 以最快時間傳遞記者會的資訊：新聞聯絡人應儘早告訴媒體記者會的召開的詳細內容，以利媒體人手的調配。新聞稿亦可引發媒體記者對議題的興趣，競選總部宜在記者會召開的同時就給媒體記者新聞稿。如果是在記者會後發布新聞稿，速度也要越快越好。

2. 事先了解記者關心的議題：總統大選競選總部每日均有例行記者會，競選總部在召開記者會前可先與媒體記者溝通，了解記者當天關心的議題，以增加競選總部攻佔版面的機會。

3. 慎選召開記者會的時間：競選總部應了解記者的截稿時間，召開記者會時應儘量避開。

4. 競選總部應設法引導選戰議題，如果不能設定議題，在新聞發布時也應該順著新聞議題包裝自己的政見及所欲傳達的訊息。

5. 攻擊對手應提供足夠證據：基於媒體強調真實報導的原則，競選總部在攻擊對手時應盡可能提供足夠的證據。

6. 競選總部可利用傳播科技產品（譬如 e-mail 或手機）來從事新聞聯繫工作。

7. 候選人、發言人應該盡量多跟媒體互動，和媒體抱持好的關係。在瞬息萬變的選戰當中，發言人手機應該保持隨時暢通。

8. 新聞發布應配合選戰傳播策略定位，避免出現競選廣告、競選文宣與新聞發布不同調的情形。

（三）掌握議題的操作技巧有助於搶站媒體版面

1. 候選人拋出議題應有步驟：每階段要凸顯不同的議題重點，可先拋出模糊口號，引起媒體注意之後，再慢慢拋出相關議題的不同具體內容，延長議題被討論的時間。

2. 利用不同媒體的特性炒作議題：競選總部可以按照媒體的不同特

性來操縱媒體，譬如前一天將完整的訊息告知平面媒體讓平面媒體大幅報導，第二天電子媒體就會追這條新聞。

3. 迅速反應：基於媒體平衡報導的特性，競選總部反應議題的速度應該要越快越好。

4. 避免對手設定的議題持續發酵：如果不想讓對手拋出的議題在媒體上發酵，競選總部應避免在這個議題上和對手引發衝突，因為有衝突就會讓這個話題持續被討論。

二、對後續研究的建議

本書以參與觀察法的方式進行競選總部新聞發布之研究，雖然可以全面的介紹競選總部的新聞發布工作，但最大的限制是不能和其他的競選總部新聞發布進行比較，另外在有些面向的研究也無法太深入，因此，建議未來的研究可以朝下列幾個方向進行後續研究，以補本研究的不足：

（一）採取比較分析法，比較連宋及陳呂競選總部的新聞發布策略

本研究僅以連宋競選總部為例說明總統大選候選人的新聞發布策略，但是陳呂競選總部應也有優點值得學習或缺點應該改進，若透過兩者的比較分析，應可得出更多元的新聞發布策略。

（二）探討不同政黨文化對新聞發布工作的影響

本研究發現競選總部新聞決策機制應該整合，但是這次連宋這組組合是國親兩黨合作的結果，再加上國民黨原本就是以家大業大著稱，因此，實際上要做到新聞決策整合本來就有所困難。後續研究者可以針對藍軍的政黨文化進行研究，探討新聞發布決策機制的整合之道。

（三）研究總統大選中，媒體被候選人同化的原因及情形

　　本研究發現在這次總統大選中，媒體記者被候選人同化的情形相當嚴重，跑哪個陣營的記者就變成該陣營支持者，甚至變成競選總部的幕僚，造成媒體內部也分成兩派。後續研究可以針對這個現象進行分析，為何在總統大選當中，媒體記者放棄中立立場的原因及影響。

（四）設定及引導新聞議題的方法

　　本研究發現候選人應具備設定議題的能力，才能有效攻佔媒體版面，但是媒體記者對於哪些議題會被媒體大幅討論並無清楚的說明，後續研究者可對候選人設定及引導議題的方法進行研究。

（五）比較不同層級選舉中，候選人新聞發布策略

　　本研究僅探討總統大選中候選人的新聞發布策略，但並未提及總統候選人的新聞發布策略和其他層級選舉候選人有何不同，譬如總統候選人和立委候選人的新聞決策機制及媒體關係就一定不同，後續研究者可對此作出比較研究，並探討背後的影響因素。

參考文獻與相關書目

一、中文書目

中央選舉委員會網站：http://www.cec.gov.tw/。

王　旭，1998，〈新聞記者與消息來源的互動及其影響—以報導立法院新聞為例〉，《國科會專題研究成果報告　NSC 87-2412-H004-013》，台北：國立政治大學廣播電視系。

王玉民，1994，《社會科學研究方法》，台北：洪葉文化。

王石番，1989，《傳播內容分析法—理論與實證》，台北：幼獅。

王洪鈞，1989，《大眾傳播與現代社會》，台北：正中書局。

王洪鈞，1991，《新聞採訪學》，台北：正中書局。

吳宜蓁，1996，《公共關係》，台北：國立空中大學。

吳宜蓁、胡幼偉、蔡以倫，1995，〈「公關管理者」或「公關技術人員」—企業公關人專業角色類型初探〉，《廣告學研究》，6 期，頁 181-198。

吳崑茂，1997，《誰與爭鋒：公眾人物的形象塑造》，台北：傳文文化。

李亦園，1989，〈自然觀察研究〉，在楊國樞、文崇一、吳聰賢、李亦園編，《社會及行為科學研究法上冊》，13 版，頁 131-158，台北：東華書局。

李美華譯，Earl Babbie 原著，1998，《社會科學研究方法》（The Practice of Social Research），台北：時英出版社。

李茂政，1994，《當代新聞學》，台北：正中。

沈征郎，1992，《實用新聞編採寫作》，台北：聯經。

林東泰，1997，《大眾傳播理論》，台北：師大。

林敬殷、林新輝、范凌嘉，2004 年 2 月 12 日，〈藍軍密集開會 整合發言制度〉，《聯合報》，A5 版。

林新輝，2004 年 3 月 21 日，〈藍軍內部矛盾 客卿也受爭議〉，《聯合報》，A5 版。

林瑜霜，2003，〈2002 年台北市長選舉候選人新聞媒體守門研究〉，中國文化大學新聞研究所碩士論文。

邱榮舉，2001，〈研究方法（一）：基本概念〉，《撰寫博碩士論文實戰手冊》，台北：正中，頁 145－162。

金溥聰，1997，〈新聞媒體在總統選舉中的議題設定功能〉，《行政院國家科學委員會專題研究計畫成果報告，NSC 85-2412-H004-006》，台北：國立政治大學新聞系。

金溥聰，1998，《新聞「學」與「術」的對話 V：總統選舉與新聞報導》，台北：國立政治大學新聞系。

紀華強，1997，《實用公共關係法》，台北：漢宇。

紀寰贏，1995，《選戰公關大餅》，台北：皇冠。

胡幼慧，1996，《質性研究》，台北：巨流。

孫秀蕙，1997，《公共關係：理論、策略與研究實例》，台北：正中。

祝基瀅，1983，《政治傳播學》，台北：三民書局。

紐則勳，2002，《競選傳播策略：理論與實務》，台北：韋伯文化。

翁秀琪，1992，《大眾傳播理論與實務》，台北：三民。

高照芬，1997，〈1996 年總統選舉四組候選人電視競選廣告策略研究：定位與廣告表現〉，中國文化大學新聞研究所碩士論文。

張心宇，2002，〈報紙影劇新聞記者與消息來源互動關係研究－以「搖頭性派對」事件為例〉，臺灣師範大學大眾傳播研究所碩士論文。

張在山，1994，《公共關係學》，台北：五南。

梁任瑋，2001，〈在選舉發燒季節的媒體大戰〉，《廣電人月刊》，第
　　84 期，台北：廣電基金會，頁 35-39。

郭于中，2001，〈2000 年總統選舉三組候選人競選文宣策略與電視
　　廣告表現之相關性研究〉，中山大學政治學研究所碩士論文。

郭淑敏，2004 年 1 月 6 日，〈罵扁抽頭　自己抽腿〉，《中時晚報》，
　　A2 版。

陳弘修，2003 年 12 月 18 日，〈連戰拼演講　最怕沒人注意聽〉，《新
　　新聞周報》，第 876 期，頁 70-72，台北：新新聞文化事業。

陳弘修，2004 年 2 月 19 日，〈泛藍的每一支短打　都是陳文茜下令
　　揮棒〉，《新新聞周報》，第 885 期，台北：新新聞文化事業，
　　頁 30-33。

陳柏州，2003，〈候選人競選新聞發布策略分析—2001 年宜蘭縣立
　　法委員選舉個案研究〉，政治大學新聞研究所碩士論文。

陳義彥、陳世敏，1992，《七十八年選舉的報紙新聞與廣告內容分
　　析》，台北：業強。

陳德禹，2001，〈研究方法（三）：學術研究領域〉，《撰寫薄碩士論
　　文實戰手冊》，台北：正中。

陳憶寧，2001，〈總統候選人攻擊性新聞報導與其支持度的關聯：
　　以兩千年總統大選為例〉，《新聞學研究》，第 69 期，台北：政
　　治大學新聞研究所，頁 113-140。

陳憶寧，2003，〈2001 年台北縣長選舉公關稿之議題設定研究：政
　　治競選言說功能分析之應用〉，《新聞學研究》，第 74 期，台北：
　　政治大學新聞研究所，頁 45-72。

喻靖媛，1994，〈記者與消息來源互動關係及新聞處理方式關聯性
　　研究〉，國立政治大學新聞研究所碩士論文。

彭芸，1986，《政治傳播》，台北：巨流圖書公司。

彭芸，1992，《政治廣告與選舉》，台北：正中。

彭家發、馮建三等編著，1996，《新聞學》，台北：國立空中大學。

彭懷恩，1997，《新聞學 Q&A》，台北：風雲論壇。

彭懷恩，2003，《政治傳播與溝通》，台北：風雲論壇。

曾萬，1993，《怎樣與媒體打交道：你必須知道的公關技巧》，台北：
　　皇冠。

黃俊英，1997，《行銷學》，台北：華泰。

黃新生，1985，〈電視新聞分析方法之研究---參與觀察法〉，《復興
　　崗學報》，卷 34，頁 363-371。

黃維助，2004 年 2 月 21 日，〈國親立委強出頭　王金平說重話〉，《自
　　由時報》，A8 版。

楊國樞，1993，《社會及行為科學研究方法上、下冊》，台北：東華

楊舒媚，2004 年 3 月 4 日，〈陳文茜已經準備從泛藍大軍悄悄撤退〉，
　　《新新聞周報》，第 887 期，台北：新新聞文化事業，頁 58-59。

臧國仁等，1988，《公關手冊》，台北：商周。

臧國仁，1999，《新聞媒體與消息來源—媒介框架與真實建構之論
　　述》，台北：三民。

趙　嬰，1985，《公共關係》，台北：經世。

樓榕嬌，1986，《美國總統記者會功能運作之研究》，台北：黎明。

蔡百蕙，2004 年 2 月 19 日，〈蔡正元與黃義交又站上火線〉，《新新
　　聞周報》，第 885 期，台北：新新聞文化事業，頁 63。

鄭自隆，1992，《競選文宣策略：廣告、傳播與政治行為》，台北：
　　遠流。

鄭自隆，1995，〈候選人電視辯論訊息策略及其效果研究〉，《廣告
　　學研究》，第 5 期，台北：政治大學新聞研究所，頁 43-84。

鄭自隆，1997，〈1995 年三屆立法委員選舉三黨新聞發布策略分

析〉,《廣告學研究》,第 9 卷,頁 131-157。

鄭自隆,1998,〈1996 年台灣總統大選四組候選人文宣策略觀察〉,《總統選舉與新聞報導》,國立政治大學新聞學系編印。

鄭貞銘,1982,《新聞採訪的理論與實際》,台北:商務印書局。

鄭貞銘,1995,《新聞原理》,台北:五南圖書。

鄭瑞城,1991,〈從消息來源途徑詮釋媒介近用權〉,《新聞學研究》,第 45 期,頁 39-56。

戴定國,1997,《中國時報怎樣解構『台北觀點』?(上)》,台北:新聞鏡。

薛心鎔,1987,《當代新聞編輯學》,台北:中央日報編印。

鍾蔚文,1995,《新聞工作者與消息來源》。台北:國立政治大學新聞研究所。

蘇蘅,1995,〈消息來源與新聞價值─報紙如何報導「許歷農退黨」效應〉,《新聞學研究》,第 50 期,台北:政治大學新聞研究所,頁 15-40。

蘇蘅,1997,《認識大眾傳播》,台北:台灣書局。

蘇蘅主編,1997,《新聞「學」與「術」的對話 IV:台灣地方新聞》,台北:政治大學新聞系。

二、西文書目

Atwater, T. & Fico, F. 1986. "Source reliance and use in reporting state government: A study of print and broadcast practices". *Newspaper research journal*, 8 (1), pp. 53-62.

Bass, A. Z. 1969. " Refining the 'gatekeeper' concept: A UN radio case study". *Journalism Quarterly*, 46, pp. 69-72.

Boorstin, D. J. 1961. *The Image: A Guide to Pseudo-Events in America.*

NY: The Harper & Row.

Cameron, G. T. 1997. "Public relations and the production of news: A critical review and theoretical framework". In B. R. Burleson (ed.), *Communication Yearbook 20*(pp.24-33). Thousand Oaks, CA: Sage.

Cook, T. E. 1989. *Making Laws and Making News: Media Strategies in the U. S. House of Representations.* Washington, D. C.: The Brookings Institute.

Davison, W. P. 1975. " Diplomatic reporting: Rules of the game". *Journal of Communication,* 25 (4), pp. 138-146.

Gandy, O. H. Jr. 1982. *Beyond Agenda Setting: Information Subsidies and Public Policy.* Norwood, NY: Ablex.

Gieber, W. & Johnson, W. 1961. "The city hall beat: A study of reporters and sources roles". *Journalism Quarterly*, 38(3), pp.289-297.

Gieber, W. 1964. "News is what newspapermen make it". In L. A. Dexter and D. M. White (eds.), *People, Society, and Mass Communication.* London: Free Press of Glencoe.

Goff, C. F. (ed.). 1989. *The Publicity Process* (3rd ed.). Ames: The Iowa State University Press.

Hulteng, J. L. 1976. *The Messenger's Motives: Ethical Problems of the News Media.* Englewood Cliffs, NJ: Prentice- Hall.

McManus, J. H. 1995. "A market-based model of news production". *Communication Theory,* 4(5), pp.301-338.

Morrison, D. E. & Tumber, H. 1994. "Information knowledge and journalistic procedure: Reporting the war in the Falklands". In C. J. Hamelink & O. Linne (eds.), *Mass Communication Research: On*

Problems and Policies: The Art of Asking the Right Questions. Norwood, NJ: Ablex.

Sanders, K. R. & Kaid, L. L. 1978. " Political communication theory and research: An overview 1976-77". In B. D. Ruben (eds.), *Communication yearbook II.* New Brunswick, N. J.: Transaction Books.

Schlesinger, P. 1989. " From production to propaganda?". *Media, Culture, and Society* 11, pp.283-306 (book review essay).

Schlesinger, P. 1990. "Rethinking the sociology of journalism: Source strategy and the limits of media centrism". In M. Ferguson (ed.), *Public Communication and the New Imperatives.* London: Sage.

Shoemaker, P. J. & Reese, S. D. 1991. *Mediating the Message: Theories of Influnce on Mass Media Content.* NY : Longman.

Shoemaker, P. J. 1991. *Gatekeeping.* Newbury Park, CA:Sage.

Sigal, L. V. 1973. *Reporters and Officials.* Lexington, MA: D. C. Heath and Co.

Strentz, H. 1989. *News reporters and News Sources.* Ames: Iowa State University Press .

Van Turk, J. 1986. "Public relations' influence on the news". *Newspaper Research Journal,* 7(4), pp.15-28.

Voakes, P. S., et al. 1996. " Diversity in the news: A conceptual and methodological framework". *Journalism and Mass Communication Quarterly* ,73(3) , pp.582-593.

Weaver, D. & Wilhoit, G. C. 1986. *The American Journalism :A Portrait of U.S.News People and Their Work.* Bloomington :Indiana University Press.

附錄

（一）訪談對象一覽表

編號	時間	身分		訪談地點
A1	民國 92 年 5 月 27 日 下午 4：30-4：50	連宋全國競選總部人員	發言人	立法院
A2	民國 92 年 5 月 27 日 下午 12:30-1:00	連宋全國競選總部人員	新聞聯絡人	立法院旁咖啡廳
B1	民國 92 年 5 月 3 日 下午 17：00-17：50	平面媒體記者	自由時報記者	立法院旁餐廳
B2	民國 92 年 5 月 6 日 下午 12:30-1:00	平面媒體記者	蘋果日報記者	立法院旁餐廳
B3	民國 92 年 5 月 10 日 下午 2:30-3:00	電視媒體記者	TVBS 記者	國民黨中央黨部一樓
B4	民國 92 年 5 月 13 日 下午 4：30-5：30	平面媒體記者	聯合報記者	立法院旁咖啡廳
B5	民國 92 年 5 月 26 日 下午 5：00-6：00	平面媒體記者	中國時報記者	立法院旁咖啡廳
B6	民國 92 年 5 月 27 日 下午 3:00-3:30	廣播媒體記者	中廣記者	電訪

（二）發言人訪談大綱

一、 請問連宋全國競選總部的文宣策略為何？

二、 以新聞戰而言，在競選總部成立後，連宋陣營是否有設定
階段來進行攻防？或是隨著外在新聞議題的變化隨機應
變？如果有設定階段，各階段的重點策略及內容為何？如
果沒有，是什麼因素決定新聞戰的策略及作為？

三、 請問下列事件的新聞戰策略：連戰家產爭議、陳由豪事件、
家暴事件、公投議題、槍擊案（或您認為連宋陣營最成功、
最有趣的一次新聞戰役）

四、 如果把新聞發布分為塑造形象、陳述政見、攻擊對手、反
駁對手攻擊等類型，您偏好哪一種？是否有分階段做不同
的運用？

五、 總統候選人、發言人、競選幹部、即時反應小組的新聞發
布是否有協調分工？

六、 您平常召開記者會的內容通常是自己決定，還是經過總部
內新聞決策單位的決定？如果是個人決定，是根據哪些原
則？您在選定記者會題材時，是否會考慮這個記者會是否
有新聞價值？您所認定的新聞價值為何？

七、 您是否認為與媒體保持好的關係，可以有利於競選總部新
聞攻佔媒體版面？您和媒體之間的關係為何？您平常是如
何與媒體互動？曾做哪些事情來與媒體維持好的關係？

八、 您認為哪一種新聞發布內容較容易獲得媒體的報導？是否
會因應電子或平面的需求，而進行不同的新聞發布策略？

九、 您認為哪些因素有助於媒體採用競選總部發布的新聞？

（三）新聞聯絡人訪談大綱

一、簡述你在競選總部的工作內容。

二、簡述你與媒體的互動關係。平常如何與媒體保持良好的關
　　係？

三、平常寫新聞稿依據的新聞價值為何？

四、擔任新聞聯絡人遇到的困難。

（四）記者訪談大綱

一、整體

1. 綜合來說，您認為在競選總部從事新聞發布工作時，影響競選總部新聞能不能順利搶佔媒體版面最重要的因素是什麼？

2. 您認為連宋全國競選總部新聞發布工作成效如何，最需要改進的地方為何？

3. 您所屬媒體對選舉新聞採訪上最重要的要求？

二、新聞發布運作過程

（一）新聞稿的產製與發送

1. 是否曾用過競選總部發的新聞稿？新聞稿採用程度？如何用？

2. 採訪流程(分平面、電子、廣播、網路)-幾點寫稿單？幾點截稿？

3. 新聞稿發送問題-新聞稿收發是否順暢？喜歡 e-mail 接收或是傳真接收？

4. 對新聞稿寫作要求為何？連宋競選總部新聞稿寫作是否有改進之處？發稿速度？長短？角度？

5. 改進之處及建議

（二）競選總部新聞決策機制

1. 競選總部新聞決策機制對新聞產製的影響

2. 改進之處及建議

（三）候選人的媒體關係

1. 簡述與候選人的互動關係（提示模式：同化、對立、共生；頻率）

2. 與候選人互動關係對新聞產製的影響

3. 採訪選舉新聞工作上，對候選人的要求及建議

（四）與發言人的媒體關係

1. 簡述與發言人的互動關係

2. 與發言人互動關係對新聞產製的影響

3. 發言人制度適切性

4. 採訪選舉新聞工作上，對發言人的需求及建議

（五）與競選幹部的關係（含主委、總幹事、國親立委）

1. 簡述與競選幹部的互動關係

2. 與競選幹部互動關係對新聞產製的影響

3. 採訪選舉新聞工作上，對競選幹部的需求及建議

（六）與新聞聯絡人的關係

1. 簡述與新聞聯絡人的互動關係

2. 與新聞聯絡人互動關係對新聞產製的影響

3. 採訪選舉新聞工作上，對新聞聯絡人的需求及建議

三、新聞發布內容部分

（一）新聞價值

1. 處理這次總統大選新聞依據的新聞價值為何？認為哪些選舉新聞重要？

2. 您認為這次連宋新聞發布有無新聞價值？

（二）新聞主題

1. 在處理選舉新聞時，您個人較喜歡哪類的新聞主題？（提示：塑造形象、陳述政見、攻擊對手、反駁對手、支持當選）

2. 您認為這次連宋新聞發布的主題策略是否適當？

3. 候選人下鄉、總部例行記者會（發言人、國親立委）、或競選幹部記者會？喜歡報導哪一類類型？

4. 改進之處及建議

（三）新聞議題

1. 您認為這次選舉有哪些重要的議題？什麼樣的議題可以成為媒體關注的焦點？

2. 您認為連宋競選總部在處理這些議題上的新聞策略如何？連宋總部在設定議題或回應議題上有哪些應改進的地方？

（四）其他新聞發布內容上的建議

備註：為求取各面向資料的完整性、避免受訪者越到後面的題目回答越簡短，因此在實際訪談時，每位記者的訪談題目順序會略有不同。

（五）訪談紀錄（A1）

受訪者身分：連宋全國競選總部發言人
訪談內容紀錄：（A：作者葉元之　B：受訪者）

A：請問連宋全國競選總部的文宣策略為何？

B：競選的文宣策略分成幾個層面：第一個是我們要打什麼議題，
我們要攻什麼重點，我們要對誰進行文宣，是不是每個人都要
進行文宣的攻勢，那在這裏面我們有從年齡層來區隔、還有從
地域來區隔、從族群來區隔、從政黨傾向來區隔，所以我們在
選擇上第一個以閩南人、中南部、教育程度不是特別高的這一
群選民來做為我們文宣的對象，延伸出來的電視廣告，好像真
的都是這一群，很清楚吧？後來証明這一群才是問題所在，特
別是槍擊案發生更証實我的看法是對的，槍擊案票跑掉就是這
群人最多，女性年齡在 40 以上，教育程度差不多在國中，閩南
籍，這樣的人數大概一百多萬人，所以基本上文宣我們不在全
面做，也包括我們的競選歌曲，造勢活動的風格幾乎走這種路
線，跟過去傳統國民黨、親民黨的風格都不同，所以我們半開
玩笑說：我們這裡的文宣就不理外省人，民進黨他們也覺得外
省人票比較不好攻，那他們就攻客家人，跟我們設想是一樣的，
兩方面設想的角度是一樣的。

A：以新聞戰而言，在競選總部成立後，連宋陣營是否有設定階段
來進行攻防？或是隨著外在新聞議題的變化隨機應變？如果有
設定階段，各階段的重點策略及內容為何？如果沒有，是甚麼
因素決定新聞戰的策略及作為？

B：新聞戰來講的話，新聞的議題變化，我們是有成立一個除了新聞組之外發言室，還有專門一個 team 專門來幫每個立委晚上做的反應，這個 team 是請威肯公關在 back up，包括我們自己發言的議題也都是，不管由小自看板製作，大至議題的規劃，戰力是滿強的。

主動拋出議題是這樣的，比方說：吳淑珍的財產問題，連戰的演說是有設定，是有一連串的議題，但是到什麼時段找什麼議題是到時候再說，有點隨機應變。

A：像候選人的講稿都是怎麼弄？

B：候選人的講稿基本上有 3、4 個 team 在幫忙寫，比方說下禮拜六要在哪裡講話，講什麼我們先幫他規劃好大概是什麼內容，找誰來寫，這是一個運做方式。

A：請問下列事件的新聞戰策略：連戰家產爭議、陳由豪事件、家暴事件、公投議題、槍擊案（或您認為連宋陣營最成功、最有趣的一次新聞戰役）

B：連主席的新聞戰略，什麼家產爭議，陳由豪事件，因為家產爭議是防衛的，陳由豪事件我們是擺被動的，家暴事件我們是防衛的，公投議題我們應付的失策，槍擊案件應付的更差。

A：如果把新聞發布分為塑造形象、陳述政見、攻擊對手、反駁對手攻擊等類型，您偏好哪一種？是否有分階段做不同的運用？

B：像塑造形象、陳述政見、攻擊對手都有呀，都是隨著大環境，新聞媒體的焦點在變動，我們一連串攻擊陳水扁的比如水餃，都是有啦，只是看什麼時候製造出來，這早有一連串的規劃。

A：所以很多理論根本就沒用囉，比如前期應塑造形象、中期應該攻擊……。

B：我想不是啦！總統候選人都老芋仔老先生，沒什麼新人，形象

好壞已經定型了，哪有可能一個人從政 30 年，在你們的心目中弄個形象，現在就可以改變他，太難!阿扁你說改變形象印象沒有嘛!連戰、宋楚瑜也沒有嘛。他並不是剛出來選的民意代表，或是剛從政不久，可以改變印象。三個在政壇打滾少說 30 年，不能說完全沒有啦!不過也蠻難的。

A：總統候選人、發言人、競選幹部、即時反應小組的新聞發布是否有協調分工?

B：基本上是以總統候選人發言為主，發言人為輔，那即時反應小組搭配競選幹部……。總統候選人文稿，大部份都是敲定了之後由秘書長決定用哪一篇，內容講什麼大概都由林豐正去決定。

A：您是否認為與媒體保持好的關係，可以有利於競選總部新聞攻佔媒體版面?您和媒體之間的關係為何?您平常是如何與媒體互動?曾做哪些事情來與媒體維持好的關係?

B：其實跟媒體保持關係好不好都差不多，對於攻佔媒體版面是看有沒有新聞賣點，有新聞賣點就容易攻佔媒體版面，和媒體關係實在沒什麼，你關係再好沒什麼話題也難以攻佔。

A：您認為哪一種新聞發布內容較容易獲得媒體的報導?是否會因應電子或平面的需求，而進行不同的新聞發布策略?

B：比較麻煩的東西是要攻佔媒體版面就是要比較辛辣的，太平淡的大概都上不去，因為不辛辣就上不去，焦點不簡單、不突出，講一堆人家根本就不理。

A：您認為哪些因素可以有助於媒體採用競選總部發布的新聞?

B：要看候選人所發佈的新聞，有沒有可能成為一個標題，新聞就是講標題嘛!如果你覺得那個可以成為標題的話就一定上的去，要不然講太多也都沒有用。比如，陳水扁就職演說我不是出面回應他嗎?回應十點，昨天聯合報、中國時報有登一些，

不過，就這個「國民黨臥薪嚐膽不敢忘記」，就這一句話，對不對?因為每一次新聞候選人講的或發言人講的一定要想像標題是什麼。標題是發言風格，陳水扁陣營就很厲害!

A：您平常召開記者會的內容通常是自己決定，還是經過總部內新聞決策單位的決定?如果是個人決定，是根據哪些原則?您在選定記者會題材時，是否會考慮這個記者會是否有新聞價值?您所認定的新聞價值為何?

B：壓力很大哦!因為幕僚在準備都有 plain vanilla 比較香草冰淇淋沒什麼味道，你看大概上不去媒體版面。

A：那你會根據什麼原則去開一場記者會?

B：抓新聞脈動，因為發言人的目的就是要上媒體，你上不了媒體寫得再好也沒有用。

A：那是前一天決定待會要講什麼?

B：前一天就決定，但甚至當場會臨時改。

A：這是最主要的考慮，抓新聞反應..

B：對，要不然就白講的，你開記者會幹什麼?

（六）訪談紀錄（A2）

受訪者身分：連宋全國競選總部新聞聯絡人

訪談內容紀錄：（A：作者葉元之　B：受訪者）

A：請你講一下你在總部的工作內容。

B：基本上分為三大類，一種是所謂的新聞發稿，第二類是所謂的新聞聯繫，第三類就是所謂的新聞服務。基本上在新聞發稿方面，我們在召開完記者會後，會用最快的時間把我們認為的新聞重點內容寫出來，然後交給我們的新聞組的組長或副組長過目，在核可以後，立刻以 e-mail 的方式寄給記者，並用簡訊讓記者知道我們已把新聞稿傳遞給他們。

那在新聞聯繫上面，基本上在我們確定根據何種議題召開記者會之後，我們會在前一天，因為在競選總部比較機動，至少在一個小時以前，我們會以簡訊的方式通知線上的所有記者說我們將針對何種議題召開記者會，簡訊通知完以後，如果有必要的時候，我們會以電話一一告知，希望他們知道我們非常重視這項議題。

那在新聞服務方面，大概包辦了記者在生活上的一個食、衣、住、行、娛樂，包括了他們隨候選人下鄉的一個食宿；在平常的時候，如果沒有下鄉，遇到中午的時候或晚上或工作比較晚的時候，我們經費無虞的情況下，會適度的提供一些我們可以提供的服務，那這大概是我們競選總部的一個工作內容。

A：怎麼樣的發稿設備？

B：基本上，以現在的情況就讓他們以最快速的方式 e-mail 稿子，在競選總部或造勢場合幫他們架設 ADSL、無限上網的設施，

希望讓他們能在第一時間傳稿。當然這些基本的配備以外，還
有所謂的傳真機、影印機、一些基本的設施都有，但是國民黨
在野四年，經費比較拮据，所以在這邊，我們還用最經濟的方
法，在競選總部的軟硬體設施全部都承包下來，包括燈光、音
響都是這次我們新聞組的工作內容之一，舉凡看得到記者會的
事前、事後、事中的一些發稿的設施和事後的流程，這都是我
們新聞組在負責的。

A：請你講一下你和採訪媒體的互動關係。平常如何與媒體保持良
好的關係

B：大概以我們新聞媒體聯繫的角色來講，我們都希望一視同仁，
基本上沒有大小眼，沒有資深或資淺，一視同仁。另外，我們
和記者是魚幫水，水幫魚的關係，其實都是互利共生的，並沒
有誰利用誰，因為我們需要他們，事實上他們也需要我們。那
我覺得怎麼和他們保持良好關係，我想最重要的一個基本原則
就是真誠互動，我覺得再多的一個花俏言語或不實的動作，其
實並不是長久之計，我覺得就是提供記者一些合情、合理、合
法的需求，我們都儘量的予以配合，那當然如果在經費無虞的
情況之下，適時的給他們一些經濟，譬如過生日，或是他們家
人有生病的時候，我們適時的提供一些生日禮物當然是一些小
的生日禮物，或是慰問的卡片，甚至是主動的到他們的家裏跟
他們致意，我想這都是可以促進人際關係的一個方法。當然在
最佳的狀況是說，你在不違反工作職場的倫理情況下，適時的
給予媒體新聞獨家消息，這也是你促進和他拉進彼此距離的一
些方法，但是這都不脫離一個重要就是真誠互動。

A：那你這次和媒體的關係熟識程度如何？

B：應該這樣講，這次會跑連宋競選總部的記者，除了一些跑親民

黨的線上記者以外，大部分都是跑國民黨過去支援的。所以基本上之前就已經認識了，所以基礎的互動工作和交情都是在的，所以還好。

A：之前有提到，你的工作有寫新聞稿，平常競選總部召開記者會後，你會根據那些重要的原則寫新聞稿？

B：當然我們是根據最新的一個原則，就是之前這個記者會的重點內容以前我們沒講過，沒有發生過的，是根據最新的一個民意脈動或根據一個最新狀況發生時的一個基準點，這是一個寫新聞稿人家去登最重要的一個原則。另外要能隨時的掌握新聞上的脈動，隨時的注意每節的有線電視的新聞和晚報、早報，隨時注意新聞的熱度和焦點，這方面的訓練也有助於撰發新聞稿的時候，能掌握新聞的焦點．

A：你在擔任新聞聯絡人有沒有遇到什麼困難？

B：大部分都是比較正面的，唯一我想比較苦惱就是我們做為一個承先啟下、上有長官下有記者的一個中間聯絡人，有時候會變成一個夾心餅乾，如何去拿捏長官的期望和記者的需求，我覺得有時候是魚與熊掌難以兼得，有時候長官的想法和記者的需求有一段落差，舉凡一些事情的拿捏我們會變成中間人，長官和記者之間有時候並不會很願意的直接彼此交談，而是想透過我們去向長官反應，可是常常會讓我們中間人的角色比較難為，所以會比較尷尬。

（七）訪談紀錄（B1）

受訪者身分：平面媒體記者（自由時報）

訪談內容紀錄：（A：作者葉元之　B：受訪者）

一、整體

A：綜合來說，您認為在競選總部從事新聞發布工作時，影響競選總部新聞能不能順利搶佔媒體版面最重要的因素是什麼？

B：第一，總部發布新聞是否切合時事，例如回應時事新聞，通常上的機會比較高，又例如針對重要新聞發表看法，也容易上版面。其次，就新聞內容本身，必須要有可讀性，也就是有新聞性，例如發布重大政見，如募兵制等，就一定上版面。第三，必須看當天新聞量與新聞性質，若當天新聞多且性質不相同，例如非政治新聞多，若總部主動發布新聞，即使上稿，版面也有限。第四，發稿時間很重要，必須配合媒體發稿時間。

A：您認為連宋全國競選總部新聞發布工作成效如何，最需要改進的地方為何？

B：大致良好，但部分新聞，發布效率太差，經常過了午夜十二點才發布，幾乎沒有參考價值。

A：報社對選舉新聞採訪上最重要的要求？

B：求真實，求正確，可以的話，給個獨家最好，但不強求。不過，基本要求是記者不能淪為陣營傳聲筒，要有獨立判斷的能力，不能因為太過投入或是過於認同陣營理念，影響新聞判斷力。

二、新聞發布內容

（一）新聞價值

A：處理這次總統大選新聞依據的新聞價值為何？認為哪些選舉新聞重要？

B：你們開記者會，大部分每一天每一件事都會處理啦，只是新聞要做大要做小，要看當天整個新聞的發展。如果有時候是主動攻擊或主動發佈新的政策，那種新聞就是新的發展，那種通常都會做到大，因為部分都要和其他組配合。通常價值會比較高的是主動發佈的部分。像你們的北北基公投，那個是你們主動發佈的主動出擊主動公佈政策的部分，就是比較有新聞價值的部份，這是新的嘛。就新聞判斷上屬於一個陣營新的政策，這是有他的新聞價值。另一個有新聞價值的部分，就是你們是配合時事的發展，例如說對政局或對政府政策大的東西，你們去做一些回應，那這個也是回應性的新聞去配合時事，他的必要性也是要做的。第三個也是回應的部分，是對手陣營對你們的攻擊，這部分的新聞也必須要由你們回應。發佈的新聞，也有類似這種的。那這種新聞都一定要上，因為基於平衡的需求。

A：檢討一下連宋競選總部發佈新聞的價值。

B：如果依上述的標準來講的話。你們主動出擊的新聞比較少啦!想得到的就例如北北基公投、募兵制，其餘想得到的地方確實比較少。大都流於被動的回應，配合稿的方式。當然這個都會上新聞，可是就新聞價值上來講，就沒有這麼有價值，就做的比較小，因為回應都是跟在人家新聞後面，你就沒辦法去突顯。

（二）新聞主題

A：在處理選舉新聞時，您個人較喜歡哪類的新聞主題？（塑造形
　　象、陳述政見、攻擊對手、反駁對手、支持當選）

B：我覺得正面性的新聞，處理起來比較好處理。正面指的是公佈
　　政策性的東西，那有一種就是你主動出擊的部份，例如針對政
　　策或針對競選策略在攻擊，譬如有一次你們公佈電視的各個電
　　子媒體的播放秒數，就篇幅去做一些分析，這是有具體的數據
　　呈現出來的時候也滿好處理的。這是比較有新聞價值而且比較
　　有份量。處理起來應該可以做大，像一般負面的攻擊，包括人
　　身攻擊、陳由豪、黃宗宏、處理起來感覺比較棘手。這個你要
　　多方去求證，而且光你聽的時候，當下你沒辦法去判斷，包括
　　各政營在做回應或攻擊的時候，你無法判斷他的價值，無法判
　　斷真偽，你要多方去求證時。那種新聞比較棘手麻煩。

A：您認為這次連宋新聞發布的主題策略是否適當？

B：就是被動批評比較多。另外，策略在發佈新聞比較沒有節奏性，
　　策略不明顯。譬如說:在大選期間，一個月要主動出擊幾次、什
　　麼時候要發布政策、沒有那個節奏感，節奏感不明顯，流於被
　　動，都是回應新聞比較多，主動出擊的很少，感覺起來好像一
　　直都在挨打的感覺。

A：候選人下鄉、總部例行記者會（發言人、國親立委）、或競選幹
　　部記者會？喜歡報導哪一類類型？

B：這種其實都是不同類型的新聞，跟候選人下鄉比較累啦！我有
　　跟了大概 2、3 個星期都在跟，比較累，可是下鄉比較好玩啦!
　　你能比較看得到第一線。通常總部的記者會，都在做一些
　　ROUTINE 的回應。你除非總部記者會是候選人本身出來開的，

才會比較具有份量性。一般人在發言的時候，份量也不是麼足夠。跟候選人下鄉，尤其是到了最後面的一個月的時，其實那新聞都是比較有份量的、比較有價值的。

A：有沒有什麼改進的建議？

B：我覺得新聞的發佈，應該是配合整個競選的節奏主軸，應該事先規劃，譬如什麼時候要發佈什麼新聞、什麼東西，應該要配合他的節奏性。看起來藍軍的新聞發佈，就像大選打的節奏是一樣的，比較混亂，沒有那種節奏感。就是說應該設定這個星期要發佈什麼，就要全力去炒做這個議題，像這次很多都是被綠軍很多公投策略綁死，反而做一些被動的回應。

（三）新聞議題

A：您認為這次選舉有哪些重要的議題？什麼樣的議題可以成為媒體關注的焦點？

您認為連宋競選總部在處理這些議題上的新聞策略如何？連宋總部在設定議題或回應議題上有哪些應改進的地方？

B：到目前包括從新聞感覺起來，整個都是圍繞在公投，還有後期，陳由豪的政治獻金，我覺得整個選舉主軸好像只有 2 個部分而已。不管陳由豪這件事是不是藍軍去創造出來的，而且這 2 個議題，都跟藍軍比較沒有主動的關連性，好像就是陳由豪，你可以說他是第三者，公投藍軍也是被動性的角色。

我比較重視那種政策性的東西，那候選人能提出更多政策，那當然就等於端出更多的 "牛肉"。我覺得比較吸引人的地方是還是在於他的政策，你很多好的政策，其實募兵制是比較可以探討的地方。不管他政策好壞都是需要探討，很可惜這次選舉很多都流於像公投或口水，比較沒有做實質政策性的討論。

A：那你覺得比如說，連宋競選總部在處理陳由豪的新聞策略？

B：陳由豪案比較特殊，因為他有選舉上的考量，藍軍基本上就跟陳由豪保持安全距離，這方面新聞比較淡化，公投方面比被動。你不能創造議題、領導議題嘛！那要不要領公投票，這些議題一直採取模糊的態度，都沒有很明確，包括領不領公投票，後來才去統一策略。還是回到原本的癥結點，只是被動的回應新聞等於是他的競選策略，跟他的新聞策略其實是一致的。

A：主動的話，新聞就可以做比較大嗎？

B：對，連戰宣誓說，我要領公投票，或我支持公投，這牽涉到選舉的策略的設定。也牽動到新聞的整個運作，當然有關聯的。

A：那你覺得連宋競選總部在設定議題或回應議題上有沒有什麼待改盡的地方？

B：藍軍在設定議題上，以往都是比較弱，你設定的議題就是和競選的架構主軸有關。

A：那這次不是說主要設定在經濟嗎？

B：對，雖然藍軍有提出他的經濟政策，可是一般民眾對藍軍的經濟政策反而沒有什麼印象。雖然藍軍主軸是拚經濟、拚和平、救台灣，可是拼經濟的內容是什麼、要如何拚，民眾還是不清楚，兩岸關係也沒有很具體，連戰在選前說當選後要到大陸，但這沒有很明顯。比如說，年底以前要三通或是一個具體的實質內容，沒有容易令人引起迴響的。你喊的拼經濟救台灣，完全就被公投拉去。回顧藍、綠的競選主軸，一提就知道綠軍主導公投，藍軍到底主打什麼，沒有一套很清晰的政策出來。

A：其他新聞發布內容上的建議？

B：新聞內容，其實都是配合當天的新聞議題，比較沒有什麼大的問題，只是說新聞本身的價值，如果沒有具有那種爆發性的新

聞，這些新聞處理上也都沒什麼。

平常開的例行記者會或候選人講話的內容，有時候都沒有什麼新聞重點，除了回應的那些有主軸之外，例如，你一個政策像北北基公投出來之後，公投議題丟出來之後，你第一天，第二天或一個星期，你要怎麼去操作，你要怎麼去評估他的效益。你都應該要一套的規劃出來，要怎麼去打。

三、新聞發布運作過程

（一）新聞稿的產製與發送

A：接下有關運作方面的問題，就是先講新聞稿，新聞稿每天都發很多出去，那你有沒有用過我們新聞稿的內容？如何用？

B：因為跑競選總部，所以每天發的稿都會用啊，基本上不會照抄，都是按照我自已的去寫，等於發新聞稿做為一個參考用，對照用的。

A：有否發的必要？還是可以不用發？

B：最好發啦！看記者的情況，有些是按照新聞稿照抄，有些記者是按照自已的方式寫過之後，再拿你們的來參考看是否有遺漏的部份。有時記者沒有在場，新聞稿就成為一個重要的參考。

A：那你有沒有因為沒有在現場就抄新聞稿。

B：會改啦，不會完全照抄。

A：對於我們寫作方面，你有什麼要求沒有？

B：當然是越精準越好，精準是指發言人講什麼話都有聞必錄，要修改時也比較好修改，最好是全文提供。

A：那你這樣子根本就是一個記錄稿嘛！

B：如果是拿來參考，當然是最好。如果有些人是拿新聞稿直接貼

上去，就比較麻煩！就新聞稿的角度來看，對媒體應該都是參考用。如果你真的拿來貼的話，記者也太不用功囉！

A：所以我們不需要幫記者為這個記者會找一個角度來寫？

B：角度應該是記者自己決定，應該是自己看完再自己找角度。

A：那你覺得我們發稿的速度如何？

B：是總部的話，應該都沒問題。都滿順利的啦！只是候選人的行程的稿子就比較慢。速度快慢會影響到作業的流程啊，比如說，有些晚報就必須在中午前截稿，太晚就來不及啦！

A：新聞稿發送問題-新聞稿收發是否順暢？喜歡 e-mail 接收或是傳真接收？

B：順暢，除了當機之外。現在記者都是用電腦，所以都是用 e-mail。

A：採訪流程-幾點寫稿單？幾點截稿？

B：稿單大概我們下午 3 點半之前填完稿單，通常 3 點半填的稿單都是早上發生的。如果下午又有發生新的突發狀況就再填了，採訪階段大部份都是在 6、7 點之前完成，寫作就是 7 點才寫稿，大概 10 點之前截稿。

A：對你來就是，稿子愈早拿到對你愈好。

（二）競選總部新聞發布決策機制

A：競選總部新聞決策機制對新聞產製的影響？改進之處及建議？

B：感覺決策有點多頭馬車。記者會要在總部開、黨中央開、還是立院黨團開，應該是要分工。有些新聞適合在總部開就應開在總部，有些立委因為想曝光，那些議題其實不適合在總部開，像陳由豪那個就出 trouble，像這種分工配合就是有問題。

（三）候選人的媒體關係

A：然後你平常和候選人的互動關係如何？

B：關係？其實還好，除了跟他下鄉去外，互動並沒那麼密切，除非有跟行程才會有密切的互動。

A：與候選人的關係互動與新聞產製的影響？

B：影響滿大，如果你和候選人的關係密切的話，因為新聞看交情，交情夠時，人家會比較容易給你獨家或給你較深入的新聞，會有影響就對了。互動如果是正面或友善或越密切的話，一個政策會願意為你做更多的說明，你在詮譯他政策的時候，比較不會有偏頗，如果互動很差，你沒法和候選人進行比較好的互動，你可能只是靠他提供或靠他說話的方式去詮譯這個新聞或政策。你基本上沒辦法這麼精確，就新聞寫作上是比較不好。

這種關係很微妙，一個陣營的新聞，就像是藍綠陣營，跑久了其實，就很難從理論上去解釋，譬如說你聽久了，你多多少少都會去認同這個陣營。

A：在選舉認同它的理念，容易就會受影響？

B：對寫新聞理念上，筆觸就比較不會這麼客觀，會從它的觀點去出發，在新聞處理上，我覺得不應該是這樣子，還是要避免，牽扯到感情因素，情緒上就很難避免。

A：這次在採訪候選人，有沒有認為他沒有做好，或對他有無要求？

B：對記者都很好，沒什麼必要要求的，新聞上該有的都有，候選人對每個記者也不會大小眼。

（四）發言人的媒體關係

A：平常與發言人的互動如何？

B：發言人當然就代表一個陣營，跟他就等於跟一個陣營的接觸窗口，互動上應該都還不錯。候選人行程比較忙，所以大部分你只找得到發言人，你對發言人有求必應，提供一個新聞或要求

回應都不會有影響,他不會拒絕你。

A:對新聞產生的影響?

B:跟候選人有關係,答案是蠻類似的,跟發言人的關係不要搞得太僵,譬如我如果攻擊藍營的話,那發言人對我發言時雖然不至於保留,可是也講得很簡略或不友善。

A:那你覺得連宋發言人的發言制度有什麼問題?

B:像 2000 年總統大選,國民黨發言人有輪職發言的制度,那這次就是國親各一個,他們回應的都還好,如果發言人是能夠接近核心的,那他講的能 100% 代表候選人,這次大選看起來,二位發言人都還不錯。

A:那平常有沒有對發言人要求或建議?

B:第一個是要找得到人,有時會找不到。找不到時就一定要想辦法找到,一定要找到有人發言。也有因為找不到發言人就沒有新聞可寫,不過比較少。

(五)競選幹部的媒體關係

A:和競選幹部、主委、總幹事有什麼互動關係?

B:他們來總部的機會比較少,他們的線有個別的記者去負責,我跟他們的互動並不是那麼密切,我們跑總部大都跟發言人還有和總部的一些幹部互動,跟這些上層,因為這些人平時也不是在總部運作,他們有各自的一套系統,所以跟他們在新聞上的互動與關係比較少。那對新聞的影響。他們是代表總部份量比發言人更高,重要性也來得大。

像一般選舉的話,競選幹部應該多和記者互動,是比較有幫助的,現在藍軍這次競選,比較忽略媒體效應,如果有定期和媒體,背景說明,每個星期或一段時間有和記者互動,新聞處理

上會比較好點。透過其他非正式的場合去灌輸記者一些藍的政策，比較有效果。

（六）新聞聯絡人的媒體關係

Ａ：新聞連絡人和你的互動？

Ｂ：新聞連絡人代表總部或發言人連繫的窗口，一個中介過程，重要不重要很難斷定，如果你跟他互動不好，新聞故意漏你，或不通知你。這種情況比較少，大部份都會保持良好互動。他是第一線，連絡人就是做好通知，一個轉達的仲介者，只要扮演好這個角色。都有所通知，反正決策也不是你們決策。

Ａ：對新聞產生有什麼影響？

Ｂ：如果互動不好，你對我不爽，新聞漏掉了也有可能，有時甚至交情更好，可能會通知我一些非正式聚會、記者會外的新聞，獨家新聞都有可能。

最大影響是陣營和候選人本身影響最大，正面或負面，新聞就會受影響，其次就是重要幹部包括總幹事、主委之類似，影響更次之的是發言人，新聞連絡人，但不會因為新聞連絡人的互動關係來影響到新聞。

（八）訪談紀錄（B2）

受訪者身分：平面媒體記者（蘋果日報）

訪談內容紀錄：（A：作者葉元之　B：受訪者）

一、整體

A：綜合來說，您認為在競選總部從事新聞發布工作時，影響競選總部新聞能不能順利搶佔媒體版面最重要的因素是什麼？

B：不論是平面或電子媒體，都受版面及播出時間的制約，不可能有聞必錄，每天的新聞一定會有重點議題，依照重點先後取捨，所以不能搶佔媒體版面，主要就是新聞發佈切合不了當天媒體的重點，也就是新聞發佈必須與大環境的氛圍相合，如果堅持自己玩自己的，很可能第一線記者連回報都不回報，就直接放棄報導。

A：您認為連宋全國競選總部新聞發布工作成效如何，最需要改進的地方為何？

B：效率及數量還算不錯，但有時也有抓不準當天新聞重點的情況，以致於做了一些白工，如果新聞發佈人員能事先掌握當天新聞重點，在寫稿取捨時就更能符合媒體需求，另外針對總部發言人的發言，最好在新聞稿中能精確表述，尤其有些可當標題的發言，更應該用括號原文重現，這樣比較有利媒體作業，也不致於讓各家媒體自由撰寫造成困擾。

A：報社對選舉新聞採訪上最重要的要求？

B：不要生硬的選戰策略分析及各陣營間的政治口水，新聞要盡量圖像化表格化讓讀者一目了然，最重要的是要有人的故事及事件的內幕，例如吳淑珍炒股，不能光有總統府的解釋，還要有

炒股的過程、損益及為何她喜歡玩股票等。

二、新聞發布內容部分

（一）新聞價值

A：1、處理這次總統大選新聞依據的新聞價值為何？認為哪些選舉新聞重要？

　　2、您認為這次連宋新聞發布有無新聞價值？

B：新聞價值就是要有衝突性，第二個就是要有弊案，他會造成藍綠之間的互相衝突，因為我們的版面是一塊藍版一塊綠版，必須要有對立性、攻擊性；相對而言，除非他是非常重大的政策，比如說募兵制、區域政府、或者是公投路線，但是即使是這種政策性的新聞，也都做不大，只有一天的壽命而已，而且會以候選人親口所說的來呈現，是以人為導向，基本上對立衝突也是以人為主。

A：那衝突比如有什麼？

B：比如說候選人或家人的弊案、別人的財產、吳淑珍炒股票，連戰打老婆·吳淑珍炒股票，陳水扁收陳由豪的錢、陳由豪到底有沒有去官邸，罵來罵去的都是重點新聞，總部的新聞要搭上這種新聞的列車，才會有被選取或放大的價值，比如說：你們總部有開過記者會，就是當蕭美琴以一封台大教授的信，說三十年前連戰曾經打過老婆，結果連方瑀不是在記者會上哭嗎？那個新聞就有非常大的版面；講政策、口水、針對對方的政策，就做不大，譬如你們總部曾針對陳水扁在兩岸關係上說過的話做一個表，花了很多心力，但對蘋果來講，平面來講，他上的機會就不高。

其次，就電視台而言，包括平面來講，他都是看大環境而定，
那一段時間到底發生什麼樣的事情，就會報什麼樣的事情，比
如說：綠軍二二八的新聞，守護台灣的運動很成功的時候，你
們的三一三的活動就相對變得重要，因為大家都認為你們能不
能動員那麼多的人，在這之前，二二八其實你們也有心手相連，
千萬人心連心，但都沒有人注意，那個東西不是重點，因為他
沒有發生幾百萬人上街頭，即使印這麼多資料、開這麼多記者
會，大家的報導也不多，畫面也沒什麼震憾力，只有電視台一
些跑步的畫面而已。他必須看整體新聞環境而定，當議題成為
討論焦點的時候，即使是很小的記者會或是沒有新意的記者
會，他也會變成焦點，所以新聞的價值不是取決於你們總部的
主觀立場，而是跟著環境走，每個媒體做平面來講，他都要得
體，他都要有標的，不能讓他們抓不到重點，搞一長串不知道
講什麼，一定有一個頭有一個標，標要很清楚，有連戰打老婆
痛斥綠營，傷害我最深。這是一個標，哭、落淚這是一個大題
目，其他的就不見了，不重要。

（二）新聞主題

A：1、在處理選舉新聞時，您個人較喜歡哪類的新聞主題？（塑造
形象、陳述政見、攻擊對手、反駁對手、支持當選）

2、您認為這次連宋新聞發布的主題策略是否適當？

3、候選人下鄉、總部例行記者會（發言人、國親立委）、或競
選幹部記者會？喜歡報導哪一類類型？

4、改進之處及建議？

B：就我的立場，喜歡的主題是攻擊對手跟反駁對手，去質疑陳由
豪、水餃李這些東西，因為它是有現象、事證、事物的，譬如

攻擊陳幸予、陳致中的財產或反駁那種譬如說二萬坪土地、膨脹二百倍。事證很清楚，有具體內容。

A：那證據重要嗎？

B：證據當然重要，事實上你看連戰在財產議題上能反敗為勝，能扭轉他的與論劣勢，壓制民進黨的廣告，靠的就是證據，靠的就是點錯小數點的問題。這種東西就很清楚。至於陳述政見、募兵制、塑造形象等主題。這些都是電視台喜歡的。尤其塑造形象，平面沒辦法呈現。太難了吧！

　新聞發布主題策略，老實講不應該討論適當不適當，因為剛剛已經回答，這些都是跟著大勢走的，這也不是你們所創造的。你們整個過程屬於防守的態勢，你們並沒有主動攻擊，就防守者而言，也沒有什麼策略的問題，只有防守好不好的問題而已。就我們一般來看，防守還算可以，沒有失分太多。除了一些小插曲，譬如說讓人家硬拗而已。

A：那是不是都在防守，沒有主動？

B：這是你們要受限於整個整體策略大環境，因為你們民調上有領先，聲勢上是領先的，外國人有講機器沒壞就不必修。

A：喜歡報導那種類型的？

B：候選人總部例行記者會。誰出來開記者會，那正式發言人。那你們的發言人也會質疑說到底誰代表總部，還發生陳文茜開記者會最後一天那個事情、包括一些國親立委講一些很扯的話。譬如罵李傳洪，其實他是宋楚瑜的支持者，國親立委搶功這些東西，到時候又否認，這種事情就非常的糟。要一條鞭、要很清楚，誰能代表總部，誰不代表總部。

（三）新聞議題

Ａ：1、您認為這次選舉有哪些重要的議題？什麼樣的議題可以成為
　　　媒體關注的焦點？

　　2、您認為連宋競選總部在處理這些議題上的新聞策略如何？連
　　　宋總部在設定議題或回應議題上有哪些應改進的地方？

Ｂ：重要議題，譬如說財產黨產的議題、公投的議題、候選人私德
　　的問題、收錢、誠信、黑金，公投議題，包括美國、中國、兩
　　岸的關係。兩岸的關係和族群意識、跟搧動族群意識都合在一
　　起了。對我而言，我比較重視公投和兩岸的東西，候選人反黑
　　金的議題在我看來，個人形象議題已經爛掉了。所以，這對選
　　舉沒有發生致命的影響力，至少對藍營方面。但陳由豪確實有
　　殺傷陳水扁，因為他是以清廉的形象起家，確實是有的。總部
　　因為是防守性質的，要做的事就是適度防守、適當的回應，注
　　意速度，這些弄好就夠了。

Ａ：那你覺得這次防守如何？

Ｂ：還算不錯，唯一就是有些不是發言人，不能代表總部的發言，
　　你們沒有好好的掌控他的發言尺度，跟發言的範圍。一條鞭沒
　　有掌控好，發言有時是上下矛盾的。還有記者會安排場次技術
　　問題，上午有下午有，就變成說同一件事情，做太多類似的發
　　言，反而是自已吃掉自已。

三、新聞發布運作過程

（一）新聞稿的產製與發送

Ａ：是否曾用過競選總部發的新聞稿？幾點寫稿單？幾點截稿？新
　　聞稿收發是否順暢？喜歡 e-mail 接收或是傳真接收？對新聞稿

寫作要求為何？連宋競選總部新聞稿寫作是否有改進之處？

B：直接用 E-MAIL，擷取重點，以導言為主，以發言人的直接用語，直接 Quote，直接用括弧引的這部份。

A：那有全用嗎？

B：不可能全用。採訪流程以平面來講，中午 12:30 就會有稿單，5:00 又會有一次。大概 9:00 以前截稿。

A：這就表示我們傳 E-MAIL 愈快愈好

B：對的。有時候有些新聞稿會到 10 點、11 點才傳，那就很沒意義了，除了是很重大的新聞。收發順暢，當然是用 e-mail 收。

A：寫作的要求為何？

B：第一個，要有重點，儘量不要超過 1000 字。

A：到底新聞稿要發多長？還是像一般的新聞寫作一樣？

B：但是也不能太長。太長的話重點會很亂，對那些急著用的記者來講會很痛苦。重點是在 600-1000 字上下，好處是很好用的而且可以修正，重點是少敘述場景的問題，形容詞要少用，這是一個重點，重點是要精確。

A：那你覺得這次發的如何？

B：形容詞太多，評論太多，譬如像場景或某某什麼表示……。
引語不夠多。對報紙來講，常常需要一些震撼的話。要的話就要用引語，要非常精確的，反而是場景的描述，就不必了，也許罵人就是那一段話，哪一句才是重點。

A：那寫引語的話，不就變成直接全文照登？

B：重要是要自己抽的，媒體關注什麼，你自己要清楚。第一個，角度要先找出來，跟角度相關的引語放在導言或放在描述的階段，這就構成一篇完整的新聞稿，大家都可以用，就會很精確。即使不用你的新聞稿全文，自己去弄我也方便，可以把引語帶

進去，我就不需要再去弄，而不是什麼表示啊!弄一堆文字，會
丟掉的就很多，對記者來講的話，如果找直接引語找不到的時
候，就不會用你們的新聞稿了。就寧可去找中央社、或用自己
錄音來還原，那你們發稿的機制和發稿的作用就下降了很多。

A：那你覺得我們發稿有用還是沒用？

B：看看狀況，有些部份詳細有些部份不詳細，是說可以改進可以
用更統一的格式，有些是長短不一重點沒有寫到，一天可能有
好幾個重點，可是你們只選了一個或二個，當然有可能對或是
不對，這跟報社的編輯政策有關係，也許報社今天要做這個而
你們卻沒有發，或是發的很簡略。

（二）新聞決策機制

A：競選總部新聞決策機制對新聞產製的影響？改進之處及建議。

B：我是認為這個對新聞產生影響很小，防守就是被動，對外界攻
擊與以回應，所以他的反應取決於澄清的速度。

B：這是第一個，產製的過程有証據力，像你們打的比較漂亮的就
是二萬坪土地的事情，有証據、有單據、連續的衝擊，那當然
就很清楚呀，但你們打李傳洪的那個……。

A：那也是會上報。

B：會上報但是會被人家虧，記者他不只是跑你的新聞，還有週邊
的訊息，一起下來對照就發現你們是錯誤的，對你們而言反而
是一種傷害。

（三）候選人的媒體關係

A：簡述與候選人的互動關係、與候選人互動關係對新聞產製的影
響、採訪選舉新聞工作上，對候選人的要求及建議。

B：至於你說，候選人和媒體的關係，同化、對立、共生，一般來

講，理論上是中立的，可是因為你跑選舉新聞，在兩方對決的情況下，事實上媒體也對決，其實在我看來應該是共生的關係，也就是我們有共同的利益，你的成功就是就是我的成功，這也反應一般心理，你當總統而我跑總統府，我跑府院黨，我也很光榮，我的地位也提昇，至於同化那看個人意識形態問題，所以對立是不太可能，尤其選舉新聞上。

A：常接觸嗎？

B：不常接觸，看候選人。就連宋來講，我跟宋楚瑜常接觸，頻率當然會高一點。那連戰，他不常在總部嘛，他常下鄉，所以就總部的新聞來講，專跑總部的記者跟宋的接觸一定比較差，新聞組長跟幹部會比較高一點。對新聞採訪的影響不高，第一個是共生，第二個是同化。我認同你，加上我跟你是同一個陣營上，跟他今天接不接觸毫無關係。因為既然我認同你，與你是共生的關係。

A：他跟不跟你互動，這模式會不會造成你產生了影響？

B：基本上是不會的。除非是對立的關係。譬如說我本來不認同你。

A：你意思是說不論他理不理你，你都不會影響囉？

B：不會啊!選舉總部來講是不會的。大家都理解候選人來講，重點是民眾，重點是下鄉，哪有這麼多時間和記者互動。而且，既然是候選人，他平常也都有一定的社會形象。跟他一個心目中的印象，不會造成重大的影響。何況，新聞產製還是整體報社的政策問題，就蘋果日報來講，一個藍版，他們就照用，我們有多少就儘量滿足你。就這麼簡單，因為選舉新聞對候選人也是一種建議，而且沒什麼要求，如果你今天是寫立委，或是專訪立委，那我大可以跟候選人接觸很密切。問題是，報社不可能派一個記者專訪立委候選人，他一定是總統大選，總統大選

他的接觸面更廣，所以你不能期望總統大選候選人可以常常跟記者直接、或者有些公關性的互動，但是那也僅限於公共關係。

（四）發言人的媒體關係

A：簡述與發言人的互動關係、與發言人互動關係對新聞產製的影響、發言人制度適切性、採訪選舉新聞工作上，對發言人的需求及建議？

B：那當然密切了，就是有直接關係了，那就會對新聞有影響。發言人太白目，或大小眼，都會產生怨言、產生不高興。發新聞就給這個不給那個，都會有競爭壓力。但是他不影響同化和共生的關係，因為這是認同的問題，和利益的問題，發言人是技術面的問題。發言人把記者侍候好的話，對新聞並沒有很多幫助，但是發言人把記者侍候不好的話，那確實會出現一些負面的東西，譬如說一些小東西，他會寫這些負面的東西來修理你，表示你們總部很亂很爛啊，什麼東西都亂七八糟的。

制度的適切性，老實講當然很重要的，這次來講，你們就是分工很奇怪，黃義交的角色，因為他要下鄉，會因為國親聯盟這個形式上面，使發言人對外沒辦法參與決策，對東西事件發展性未必能掌握。發言人是當然需要的，而且，多幾位發言人是沒有錯的，因為這樣連繫管道也比較不會有誤，可是你看，分工不明確，什麼東西要找哪位發言人，你不是很清楚。比如說：連家的事情你該找誰呢？游梓翔又能代表誰發言呢？也許代表馬英九的立場。所以說發言人有很多時候，他是政治勢力下大家安排的位子，那這個沒辦法，所以你要很清楚的分工，什麼東西找什麼樣的發言人，比如說，法律事件就要有發律訴訟發言人，政治事情有政治事情的代言人，有些發言人是發言人的

統帥，所有的發言人都要能掌握到新的訊息。

（五）競選幹部的媒體關係

Ａ：簡述與競選幹部的互動關係、與競選幹部互動關係對新聞產製的影響、採訪選舉新聞工作上，對競選幹部的需求及建議？

Ｂ：和競選幹部的關係?這個看新聞需求，如果第一線的話就是看職位，組織部有組織部的組長，新聞組的組長，就是接觸到這幾位，像主委、總幹事他很忙呀，所以不太可能直接,除非安排專訪,所以這東西對新聞產生其實不會有很大影響。

（六）新聞聯絡人的媒體關係

Ａ：簡述與新聞聯絡人的互動關係、及其對新聞產製的影響。採訪選舉新聞工作上，對新聞聯絡人的需求及建議？

Ｂ：與新聞聯絡人的關係，那就很重要啦。有沒有漏新聞是第一個重點，有沒有通知，或通知夠不夠快，所以新聞聯絡人是一個不討好的工作，然後還要處理很多事情，那對平面記者來講，影響不大，他要訊息的時候，只要你精準的傳到，新聞很快速的出來，那你私交是一回事。

（九）訪談紀錄（B3）

受訪者身分：電視媒體記者（TVBS）

訪談內容紀錄：（A：作者葉元之　B：受訪者）

一、整體

A：綜合來說，您認為在競選總部從事新聞發布工作時，影響競選總部新聞能不能順利搶佔媒體版面最重要的因素是什麼？

B：新聞本身的內容啦！我覺得通常你們選擇開記者會的時間也是其中一個因素。那如果新聞本身的內容比較空洞的話，或只是競選的標語對搶佔版面沒有太大幫助，常常只有類似口號的東西而沒有實質的內容。記者會的時間就電子媒體來講，如果你們很多例行的記者會選擇在電視台接近截稿的時間，譬如上午十一點或是下午五點，如果不是很重要的內容，電視台就會選擇不要這個東西。而且你們最常犯的錯誤就是不是配合媒體的時間而是配合發言人的時間來開記者會，而且常常反應慢半拍，就是新聞事件已經發酵一段時間你們才出來說明，就像財產問題，就是要等蔡正元兩個小時以後回到競選總部才要開，可是民進黨就是有輪值發言人在競選總部裡頭待著，然後事情一發生後或是有人罵完它就立刻出來講講話，時間拖著越晚相對能搶佔的版面就越少。就電子媒體來講如果我們有時間消化的話可以做成六點的新聞來幫做新聞的平衡，可是你們如果五點開記者會，我們六點的新聞就隨便做一個三十秒報導，在重要時段就會失去上版面的機會。

A：您所屬媒體對選舉新聞採訪上最重要的要求？

Ｂ：電視台對新聞處理的要求是即時、平衡、正確。

二、新聞發布運作過程

（一）新聞稿的產製與發送

Ａ：是否曾用過競選總部發的新聞稿？新聞稿採用程度？如何用？

Ｂ：很少，實質意義不大，電子媒體不多，或許平面比較多，而且你們新聞稿內容都比較簡單一點，新聞稿應該資訊類和數字類，有用到就是連戰財產問題的新聞稿，還有連戰預告晚上的講稿，或許有一些引起衝突的東西，但引起議題的東西不多。其他如政見類的東西基本上也空洞，而且政見本身不具領導議題的能力，新聞稿都很慢，都是記者會結束之後才發，有些東西其實應該同步在記者會上發，民進黨的做法就是這樣，就是他們會把記者會的基調定出來，然後在新聞稿上列出來，然後發言人的講話會依循這個東西，可是你們都是台上講完話再整理出來發給記者。

Ａ：採訪流程(分平面、電子、廣播、網路)幾點寫稿單？幾點截稿？

Ｂ：早上十一點要開始剪接中午的新聞，然後下午五點要處理六點重點時段的晚間新聞，那稿單的話，上午的新聞要前一天晚上開，當天下午六點的新聞要中午開，那有時候我們希望前一天晚上知道你們隔日上午要談什麼你們常說不能講或不知道，這就造成我們填稿單的問題，造成人力調派上的問題，我們要不要派連線，我們要調派幾組記者，我們後續要怎麼做都不知道，像民進黨就會告訴記者候選人一個月接下來的行程，或是幾月幾號會有大事情，那媒體就可以排要怎麼調度，隔日早上的記者會要罵什麼東西都會簡單預告，電視台就知道如何調度，新

聞就會有一套完整的做法，有些東西在競選期間常常如果沒有平衡就不會播出，你們今天就算拋出一個再大的議題，如果你們在事前和媒體沒有這樣的互動，就不會得到你想得到的效果。

A：新聞稿發送問題-新聞稿收發是否順暢？喜歡 e-mail 接收或是傳真接收？

B：順暢，喜歡 e-mail 但要同步，因為有時候在外頭作業無法收電子郵件，還是需要傳真到電視台內才能讓人看到。

A：對新聞稿寫作要求為何？連宋競選總部新聞稿寫作是否有改進之處？發稿速度？長短？角度？

B：要再寫短一點然後讓重點更凸顯，譬如連戰的講稿，區域政府要成立或大台北縣市要合併公投，這個東西對媒體是有賣點，可是卻在稿子的中間，而前面一堆開場白講陳水扁這四年的東西，大家聽到不想再聽，如果是有設計過想引導議題，這東西要往上拉。

A：那時候發的是講稿全文，是沒有整理過的。

B：就電子媒體來講有整理過的東西是最好，因為沒時間來處理，否則你發出一堆東西，讓主題模糊，而且位置也不明顯，讓大台北合併公投沒有成為議題。這就是藍軍的風格，焦點很散。

（二）新聞發布決策機制

A：競選總部新聞決策機制對新聞產製的影響？改進之處及建議？

B：多頭馬車在進行，國親也沒整合，兩個候選人的行程也是兩個黨部在排，並不是由競選總部來做規劃，競選總部變成只是開記者會的場所，所以記者們都各憑本事尋找管道亂問，就會有不同的資訊出現，發言人也沒有輪值制度值班，發言人有些也狀況外，這也反應決策多頭馬車的結果，發言人選擇自己所好

召開記者會，回答雖代表總部但有時其實是個人意見。緊急應變小組都是先把消息放給平面，隔天再來操作電子。競選總部的功能沒有發揮，新聞發布的緊急應變應該在新聞組，而不是在與候選人直接溝通的管道上。

（三）候選人的媒體關係

Ａ：簡述與候選人的互動關係。

Ｂ：候選人跟媒體有保持一定的距離，但如果跟四年前比狀況好很多，有時對特定電視台會有惡言，是否有必要跟媒體之間作對立必須思考。很難形容互動模式，不會他講什麼就寫什麼，某些議題會故意唱反調，因為他不會配合媒體，常常媒體需要他講什麼他都不講，然而兩天後才來講，他會介意我們發什麼內容，但不會替我們思考我們要什麼。例如，陳水扁說催生新憲法，連戰一開始說無聊，說是選舉的操作，然後不提自己對憲改的主張，兩個禮拜過後才在造勢晚會上談憲改，憲改的議題本來就會是焦點，然後講拼經濟每天給媒體舊的東西，會讓媒體覺得了無新意，陳水扁在多少場合拋出不一樣的東西。
共生在某種情況下是。

Ａ：與候選人互動關係對新聞產製的影響？

Ｂ：還好，各取所需。他對我們好會對新聞處理有影響，因為有時候對要不要刻意傷害他會有保留，而且我們為了要長期經營這條線路，當然會比較禮遇。但不配合還是會有影響。

Ａ：採訪選舉新聞工作上，對候選人的要求及建議

Ｂ：不要三天後反應三天前的新聞。還有問問題不要事先審查。

（四）發言人的媒體關係

Ａ：簡述與發言人的互動關係。

B：發言人配合度不太高，都自己跑自己的，都不在競選總部也不
接記者電話，也不給記者輪值表告訴記者誰在競選總部，都是
記者要追發言人跑，他要去哪裡我們就要去哪裡。

A：與發言人互動關係對新聞產製的影響？

B：如果發言人很難找，那新聞版面要處理平衡就很難。他如果不
配合媒體時間，或隨心情要不要接電話，就會在第一時間找不
到人反應。

A：發言人制度適切性？

B：如果焦點不明確、含糊不清會有問題。藍軍的發言人喜歡操作
平面然後不理電子媒體，常常把消息放給晚報放給日報然後找
他來訪問又說不一定有空。民進黨會求取電子跟平面的平衡。

A：採訪選舉新聞工作上，對發言人的需求及建議？

B：手機要開，至少要接電話，要有人在競選總部值班且進入狀況。
而且採訪通知發後沒多久就要開記者會，那有些媒體離競選總
部比較遠就來不及，而且發言人又都不等媒體，有事要走就走，
又要大家到中視烤帶。回應的時間要很剛好。

（五）與競選幹部的關係（含主委、總幹事、國親立委）

A：1、簡述與競選幹部的互動關係？

2、與競選幹部互動關係對新聞產製的影響？

3、採訪選舉新聞工作上，對競選幹部的需求及建議？

B：競選幹部通常都不會在競選總部，和媒體沒什麼互動。

（六）與新聞聯絡人的關係

A：簡述與新聞聯絡人的互動關係？

B：新聞聯絡人也常常不開機，新聞聯絡人不敢放消息給媒體，有
時要問一些大型採訪事件的背景資料，或是連線點應該怎麼

開，新聞聯絡人都會說不知道，或是即使我知道也不能告訴你，上面講才可以，新聞處理就會越混亂。應該要跟媒體培養默契，而不是跟媒體諜對諜，這樣無法產生一種信賴式的互動。

民進黨的基層黨工就會告訴媒體該幹麻，譬如二二八時就列出一本操作手冊，就會說全台灣有幾個點要怎麼做，告訴各家電視台當天在各地的訊號要怎麼接，共同訊號要怎麼處理，幾點幾分應切哪一路訊號，但你們三一三就一路亂，台北台中兩個場子要連線也連不起來，跪趴的時間不一樣，人家試用戲虐的標題來看三一三，沒有感動。

A：與新聞聯絡人互動關係對新聞產製的影響？

B：跟新聞媒體的關係好對新聞產製並不會有影響，層次上有差別。跟候選人的關係對新聞產製最有影響，再來發言人。

平面說跟候選人沒影響，因為他們只要有消息就好，而消息來源是發言人。

A：採訪選舉新聞工作上，對新聞聯絡人的需求及建議？

B：以安排專訪來說，競選總部安排候選人專訪是亂槍打鳥，隨著人情而答應，不考慮媒體效果，反而激起大家反彈，大家都一次一次，但東森卻有第二次，那我們這些按照規矩送公文的又算什麼，這樣的話電視台就會想何必為你宣傳，所以那一天長官就說總部的新聞不要做，對你們新聞就會有影響。

蔡正元那一次把消息告訴平面媒體，平面媒體也指名道姓說蔡正元表示什麼，但電子要去訪問他時他又不說，只說第二天要開記者會，這樣把電子媒體當什麼？大家就聯名抵制，或挑你最不喜歡的角度呈現。我抵制你一天對你來說有點痛有點癢，但對我們不會有損失。

三、新聞發布內容部分

（一）新聞價值

Ａ：處理這次總統大選新聞依據的新聞價值為何？認為哪些選舉新聞重要？

Ｂ：一個最簡單的原則就是夠不夠新，有沒有新意，有沒有衝突性，例如制憲對台灣就是很強烈衝擊，催生新憲法，一路在媒體上引起討論，但藍軍在一路在打柔性及軟性的經濟議題，能有多少改變，除非你講臺灣人能免繳稅幾年，給的東西不夠新、老調重談的東西，吸引不了媒體。

任何像白皮書，陳水扁做了一本很漂亮，前兩頁告訴媒體所有的重點，後面在闡述所有的內容，你們永遠都給三張紙、五張紙，但都是口號式沒實質內容的，丟出議題時又沒有很棒的表演者像陳水扁那樣手舞足蹈或爆露青筋講出他要訴求的東西。

新聞價值很難講……

第一次連戰罵中共不要幫陳水扁助選那次做最大，因為他那時急著要摘掉紅帽子，操作算比較漂亮，跟長期的印象和觀念不一樣，募兵制也是，立刻要改成三個月大家都覺得不可能，但在媒體上顛覆大家長期的印象。

Ａ：您認為這次連宋新聞發布有無新聞價值？（電視台為什麼取這個畫面？廣播為什麼用這段聲音？報社為什麼用這段文字？）

Ｂ：講話越簡短對我們電子媒體處理畫面越方便，講話要簡潔有力。

（二）新聞主題

Ａ：在處理選舉新聞時，您個人較喜歡哪類的新聞主題？（塑造形象、陳述政見、攻擊對手、反駁對手、支持當選）

Ｂ：對電視新聞來說攻擊對手和反駁對手最好處理，而且觀眾容易消化容易看的懂，但是很口水並沒有意義，那你們政見又不像民進黨政見一句口號，你們喜歡拉拉雜雜容易讓觀眾都聽不懂，那形象塑造由於這次總統大選是四個老人，所以形象塑造沒有任何意義。

Ａ：您認為這次連宋新聞發布的主題策略是否適當？

Ｂ：不適當，因為沒有計畫，亂槍打鳥，婦女節就想到就來提個四分之一女性閣員，應該要有大戰略，譬如決定三個步驟，各步驟要打什麼，就可以打的很漂亮，否則就很亂。

Ａ：候選人下鄉、總部例行記者會（發言人、國親立委）、或競選幹部記者會？喜歡報導哪一類類型？

Ｂ：喜歡下鄉，跟民眾有互動有畫面，且是真正地方聲音的展現。

（三）新聞議題

Ａ：您認為這次選舉有哪些重要的議題？什麼樣的議題可以成為媒體關注的焦點？

Ｂ：你們一直強打三通但是沒有打好。基本上你們打黑金很難引起共鳴，因為以前一個被人家用黑金貼標籤的地方去反黑金，展現不出完全改革的嶄新面貌，還是在既有印象上做小幅改革。一直強打兩岸要通、經濟，連戰一直到處講拼經濟，臺灣不能鎖國，什麼四五六，問題是六年怎麼平衡國債重頭到尾沒講過，失業率降到百分之四以下，成長率百分之五以上怎麼做，步驟都不清楚，講一次也許有東西，但講久了之後就被成空洞，適當時候要更換議題，譬如經濟打完打兩岸，兩岸打完打國防，經濟兩岸講到大家疲乏，後來就不處理，浪費我的帶子，觀眾又不是豬頭，看一次就好。

如果有大戰略，新聞操作也是這樣出來，議題一個一個拋出。

Ａ：您認為連宋競選總部在處理這些議題上的新聞策略如何？連宋
總部在設定議題或回應議題上有哪些應改進的地方？

Ｂ：第一、第二、第三要凸顯什麼，戰略出來，新聞也會有策略，
但就是沒有步驟。

沒有能激發討論的議題。

（十）訪談紀錄（B4）

受訪者身分：平面媒體記者（聯合報）

訪談內容紀錄：（A：作者葉元之　B：受訪者）

一、整體

A：綜合來說你認為競選總部從事新聞發佈工作，影響競選總部能不能順利搶佔媒體版面，最重要的因素是什麼？就是我們發佈一個新聞，你決定要不要用，做大或做小的最重要因素是什麼？

B：就是它的聳動性高不高，它的影響性高不高，譬如說看丟出來的議題是不是剛好有搭上選舉的話題，譬如像連戰公佈他的財產，那個東西就變得非常重要，因為他的財產長久以來就一直是個 gossip，所以那次把他全部的財產做一個公佈，雖然後來還是有人質疑，沒有很精確，但在選戰中還是讓人家感覺印象很深刻，所以一個新聞的呈現，就是要搭到議題，而且那是一個長久以來一直被討論的東西。

A：所以做新聞發佈的時候，就是儘量跟著議題，那有沒有當我們發佈一些東西，跟新聞議題無關的東西，你們就不寫？

B：不會說跟議題無關我們就不寫，但是有些東西，譬如說像白皮書，你們要給媒體的話，很難說就一本白皮書這樣，媒體即便是平面媒體，它也有版面的限制，你可以幫媒體把一個重要的東西先抽出來，做為一個引導新聞的線頭，那可以讓下面的東西再帶出來。線頭就是新聞點，然後從那新聞點切入。

A：你覺得連宋競選總部發佈新聞工作的成效怎樣？最需要改進的地方為何？

B：應該是說那個即時議題掌握，那個出招的節奏，就對手陣營來講的話，他們的快速反應部隊就非常的有效，兩邊的反應有差。後來就比較好了，在前期的時候，感覺上每次有大的東西丟出來的時候，你們的反應就不夠快，讓那種話題有了發酵的空間，這方面是你們總部比較弱的。

A：那你覺得這對你的新聞處理會不會有什麼影響？

B：當然有，你們如果主動開記者會，甚至就是你有反擊的東西，對我們來講，大部分的東西就是要搶時效，如果你們給記者是最容易取得的資訊，到時在版面上就可以有所呈現，而不是說只有單方面，那這樣當然對被攻擊的一方是比較有利的。

A：你們平常採訪選舉新聞上有沒有什麼要求？譬如像電視台就要求要即時，要平行要正確，那報社可能沒有那麼即時？

B：對，優先順序可能不大一樣，我們不見得要最即時的，像我們日報來講的話，要正確、周延，譬如說要問到相關的人。

A：所以正確、周延最重要囉!那平衡呢？

B：當然是啊！所謂的周延就是在平衡裏面。

A：還有其他的嗎？譬如在新聞發佈，為了平衡，我們在針對議題上一定要有所回應，才能搭到版面。對周延的話，我們就是儘量要提供資料，而不能說隨便講，因為隨便講就感覺不周延，你們就不寫。

B：對，平面媒體起碼可以事後再去追，你們可給個方向，或是讓我們可以去找誰。我們不見得要畫面，最重要的是要找到那個線頭，或相關人的電話，讓我們能把後面的東西問出來。

二、新聞發布運作過程

（一）新聞稿的產製與發送

Ａ：現在檢討一下有關我們新聞稿，你有用過我們的新聞稿？用多少？採用的程度？大概是什麼樣的情況？有用過嗎？可以檢討一下以後我們需不需要發佈新聞稿。

Ｂ：要啊！因為有些時候時間太趕、或者是稿子太多，有時候沒辦法到現場，那你們有弄新聞稿的話，當然對記者來講，如果你們想增加你們的曝光度，那對記者來講是比較方便的啦!你們的新聞稿有用過。

Ａ：你們是照抄嗎？還是參考？

Ｂ：不會照抄，大概會從裏面擷取，然後有些東西可能要自已去問，因為如果照抄的話，就一個嚴謹的報社來講的話，不是很好，不然的話大家呈現出來的都很像。

Ａ：你們採訪的流程是怎麼樣，我們應該怎麼去配合？

Ｂ：我們填稿單大概是 10 點 11 點，但是報社的立場當場愈早處理愈好，因為如果它是具有發展性的，那他可以再去要別的人去配合這樣，所以還是愈快愈好。就是說當議題出來時，愈快逮住愈好，這樣的彈性比較大。

Ａ：那例如你們是 10 點截稿，那我們 11、12 點發就沒有用了。

Ｂ：還是有啊，如果它真的重要的話。

Ａ：那你覺得，有沒有我們 11、12 點發的覺得不重要。

Ｂ：沒什麼印象，是到 11、12 點還在發的。

Ａ：候選人下鄉是到 11、12 點的啊。

Ｂ：但是那個東西的意義就不大了，因為第一個，他應該都有記者在，第二個，那麼晚了也來不及，除非它很重要。

A：收發的問題，你覺得收 MAIL 好，還是傳真比較好？

B：E-MAIL，因為一定會帶著電腦，但不一定會帶著傳真機。

A：對我們新聞稿寫作的要求是什麼？有些人寫比較長，有些人寫
　　比較短，有人要求譬如說要儘量完整，有人就覺得像一般新聞
　　稿寫作，那你覺得呢？有什麼要改進的地方？請從長、短，或
　　從角度這方面來談？

B：新聞稿的話長比短的好。因為長的可以刪，那短的話你怎麼辦
　　呢？但還是要控制，一般來講大概 5、6 百，除非很重要。

A：那我們寫成一個新聞稿的格式會比較好嗎？

B：會，這樣的話比較取巧，回去的時候就不需要再組織什麼的，
　　先把重點弄出來。

A：對於改進新聞稿的地方？

B：基本上都還好啦!就是要掌握時效，速度要快。像寫作的話都還
　　好，反正記者本身都還需要加工的，而且自已都需要再補一些
　　東西。

（二）新聞決策機制

A：接下來就是競選總部的新聞決策機制？譬如決定開記者會啊，
　　或者是候選人講話的內容，他們的決策，在這次看起來如何？

B：像有些立委就會在那莫明其妙的開一些記者會，其實和競選總
　　部的調性不合，就很像是某些立委個人的秀場，不見得和選戰
　　本身有直接的關係，有些立委在那開記者會，感覺上就代表競
　　選總部的立場，甚至像陳由豪事件，像高雄半套水的那些東西。
　　就是本來就是說高雄的進水廠弄好了，後來有高雄市選出來的
　　立委去競選總部開記者會說那不是真的、還有些問題在。那些
　　問題在立法院開就可以了，為什麼要在競選總部開呢?這些沒有

做得很好，競選總部沒有規範的很好，好像變得大家都來，把競選總部的功能模糊掉。相反的，民進黨一定針對選戰方面的攻防來講。競選總部應該是個作戰的中心。

A：那這個情況，就新聞處理上有沒有什麼問題？因為你們還是可以寫成一個新聞。那對於新聞決策機制那麼混亂，對於你們處理新聞會不會有什麼困擾？

B：會的，會覺得莫明其妙，跑來這裏開記者會，有時候我們不了解，這和選舉會有什麼關係，我們還要去想這是真的還是假的。當然選舉本來就是真真假假啦，只是說他不能單純的放在選戰當中去思考，為什麼你們要這樣做。就是說並沒有經過把關，東來一個記者會，西來一個記者會，只是場地都在那個地方，對我們跑競選中心的人來講，會覺得說這和選舉會有什麼關係，會讓人家覺得說，到底有沒有什麼決策，還是這是國民黨或親民黨都可以來這邊開記者會，這樣也不是一個很好的現象。

（三）候選人的媒體關係

A：請你簡述一下你和候選人的互動是什麼樣的情況？譬如同化、對立、共生模式，也可以從頻率來談？

B：我和連宋都不熟，那他們也都跟記者沒有太多的互動，就是大都是單向的，就是他講什麼，我們就記什麼寫什麼，很少說面對面，像是比較 personal 的或是近距離的觀察或訪談。那同化的話，不否認說記者本身也有自己的政治立場或政黨傾向，政治立場如果和所跑的候選人接近的話，記者比較不會站在一個批判的角度去，因為你代表他嘛，所以相對來講，比較不會有對立的情況。雖然記者最可貴的就是批判的精神，但會產生所謂的革命情感，會內化不自覺會受到影響，這根本沒有辦法的。

A：尤其是總統大選嗎？報社內部也會有藍綠對決嗎？

B：也會，你說政治不正確的話，譬如說你在台灣日報罵陳水扁，那第一次你的新聞不會見，第二次你又不見，第三次你就不會這樣子寫了，你就變成你自己的守門人了

A：和候選人的互動關係，對於寫新聞到底會有什麼影響？

B：當然會啊，如果有多一點的機會觀察到候選人，因為現在的新聞會有讀者導向、市場導向，大家也不喜歡看那種硬邦邦的官腔官調，所謂的台面上，大家喜歡台面下的東西，所以如果你和候選人多一點的接觸，當然，它的隱憂在於你會被它牽制住，就是你對他愈熟那對他的認同感就愈高，除非他是一個很壞的人。如果你對他的認同感愈高，你的立場就變得沒這麼中立，但是相對來講的話，像總統大選你可以寫出一些接近或比較有人情趣味的東西，就是你一般在媒體上比較看不到的另一面，就候選人而言這是一個比較有利的因素。

A：那在這次的採訪工作上，對於候選人的要求或互動上，譬如說在你們的互動上或身邊的人處理媒體關係上？

B：以連戰的話，我覺得他比較容易在既定的模式當中去做他認為的事情，比較不懂把握機會，在媒體上去呈現他自己，在現在講究包裝講究親民的時代，雖然他已經比較有改善，但是仍然在這點上有改進的空間，那幕僚上來講的話，有時候講不好聽就是揣摩上意，想說老板可能不喜歡怎樣，比較沒有站在幕僚的立場，建議老板說你最好怎樣，不管你喜不喜歡，但對你打選戰來講的話是比較好的，起碼可以爭取一些比較好的社會觀感，或是一些比較高的曝光率。

（四）發言人的媒體關係

Ａ：接下來，請你講一下和發言人的互動關係？

Ｂ：發言人的話大部分都還 ok 啦！因為基本上發言人的角色都還算稱職，就是問什麼東西的時候，都還能符合我們的需要。

Ａ：覺得和發言人的互動，對你們新聞的產製有沒有什麼影響？

Ｂ：當然有，因為大部分是無法直接問到候選人的，發言人的角色就變得相當重要，因為他可以有機會和候選人接觸，而且可以代表陣營做一些反應，所以做新聞時，第一個是找發言人做回應，如果一個發言人的角色或是講話上，當然發言人在講話上表達上都不錯啦，但是如果他講話時，可以把新聞事件呈現，譬如有些講的比較重鹹，在現在的台灣選舉事件當中，在大部分是比較有利的。

Ａ：那你覺得對於新聞的產製上，跟發言人互動比候選人互動更重要？

Ｂ：那是退而求其次的。

Ａ：你是指如果能跟候選人最好，那如果沒有就沒辦法

Ｂ：而且候選人沒辦法應付這麼多媒體，所以發言人的角色對媒體來講是非常重要的。

Ａ：那你覺得我們這次的發言人的表現？

Ｂ：可以啦!如果他可以把我們要的一些新聞事件，不只是給我們想要的，還可以給我們不知道的，可以把他弄的更好或是更豐富，那就更好了。

（五）競選幹部的媒體關係

Ａ：跟競選幹部的互動關係？

Ｂ：比較少，因為我們都不是跑他們的，他們做很多台面下的東西，

其實是不對外公開的,大部分還是要靠原來跑他們線的,去挖掘一些東西。

A：那你覺得和他們的互動,對你寫新聞有沒有什麼影響?

B：也有啊!因為他們是重要的,就本身來講他們雖不是競選的,但他們的發言和一舉一動本來就很重要的。

A：對他們有什麼需求或建議嗎?

B：會希望他們能多一點和媒體接觸,會更好吧!

(六)新聞聯絡人的媒體關係

A：簡述和新聞連絡人的互動關係。

B：新聞連絡人就是可以幫記者找到他要找的人,或他要的資料或他的需求,譬如在通知的時候,比較小細節的東西,可以把記者的需要快速反應,方便我們寫新聞。

A：對這次連宋新聞連絡人的需求和建議?

B：其實有時候不是你們的問題啦!譬如在時間的通知上,或是沒考慮到記者的便捷性,譬如說當大部分的記者都在國民黨部的時候,就要在競選總部開,當然這是最後一個月的時候,當然在競選總部開,我講的是一個月前,就沒有考慮到記者本身的交通上,就不是很好。所以記者來講,如果你希望新聞被完整呈現,給記者一個方便,那個方便不只是訊息的方便,還包括他到達記者會,這些都要考慮的。

三、新聞發布內容部分

(一)新聞價值

A：處理這次總統大選新聞依據的新聞價值為何?認為哪些選舉新聞重要?您認為這次連宋新聞發布有無新聞價值?

B：我印象中就是連戰的家產，連戰打老婆，可能和公共政策沒關係，但牽涉到候選人本身一些私領域當中的一些議題，因為這些議題已經被炒作一些時間了，還有國民黨的黨產，像這種東西在新聞呈現上是比較重要的。

A：這樣聽起來，新聞價值和新聞議題是密不可分的。就是當你做一個新聞時，你都要看有沒有搭到選戰的議題

B：你要先想像讀者沒有沒興趣，或這個東西有沒有新意，如果是負面的，那要對手陣營怎麼操作，那就很重要。

（二）新聞議題

A：那你覺得什麼樣的議題可以成為媒體關注的焦點？

B：這次好像比較沒有，我覺得這次他很兩極，要不就是討論國家認同，要不就是候選人私領域的東西，譬如說另外一半那種，家產、家暴，要不就是國家認同，那中間那塊公共政策、公共領域那些東西反而呈現沒有這麼多，這不光只是候選人的問題，我覺得是媒體環境的造成。我覺得是台灣公民意識還不夠成熟，選民並不會去質疑、就是鬧很兩極的，並沒有提出真正我要投給你的理由。

A：那你剛才說議題，會被媒體關心的特性是什麼？像你說候選人的私領域，你們都很關心，都做很大，那是為什麼？是因為涵蓋什麼因素嗎？

B：譬如說國族涵蓋到國家未來的走向，那這方面就很重要，譬如說連戰提的新憲三部曲，一邊一國也是可以討論的，在當初就引起很大的震撼，像這樣的政治議題是很受到關注的，因為跟他及所屬政黨以前的主張很不一樣；私領域的話，就是我剛講的，家產那些東西，因為這些東西一直都被討論的，第一次那

麼大動作的去公佈，當時也是受到很多的注意。

A：那你覺得這次連宋在處理這方面的選戰議題時處理的好不好？譬如處理家產、家暴或公投？

B：我覺得處理家暴的部分，有點被對方牽著鼻子走，我覺得不見得要這樣子處理，就是被拖住了。有些東西譬如我們要討論國家定位，或是形而上的東西，這些其實是可以討論的，他已經慢慢的變成一種主流意識了。像家產、家暴這種東西，說真的不需要他打來你再大力的打回去，那力道只是一直持續，也不是說不回應，但是不需要用到那樣，變成是剛好正中下懷，因為對手就是用這種去拖住你們，那你們又很認真的去回應。現在事後看來，當初這樣處理其實不是很好。

（三）新聞主題

A：如果把新聞主題分成塑造形象、陳述政見、攻擊對手、反駁對手或是支持當選，那你比較喜歡那一類的主題？

B：我比較喜歡塑造形象，比如說像連戰，他給人家的感覺和陳水扁是兩極的，如果連戰突然變得很活潑，變得很就是真實的一面，不是做作，把他比較少見的那一面，譬如幽默的一面、比較有親和力的一面，可以呈現出來的話。不管有意還是無意、或我自己去觀察到，當然刻意去做會有點做作，但是我自己比較喜歡這樣。

陳述政見當然也是重要，但是就現在的媒體環境來講的話，有時候他的能見度就沒這麼高。

攻擊對手、反駁對手的話，當然也是要。但是，若我們要一個高品質的選戰的話，這部分是比較不被鼓勵的。

A：你覺得連宋這次發佈的主題採用策略怎樣？

B：比較沒印象。但是你們不是有針對國土重劃、募兵制蠻多政策，其實這次的主題策略並沒有說不好，只是對手更會玩。所以，讓你們很多的東西你們沒辦法呈現出來，或者有些東西，反而焦點被模糊掉了。不然的話，有些東西事後來看其實都蠻好的，在當時的反應也都蠻好的。因為對手對於黨產、家產、家暴都成功的拖住了你們的腳步和新聞的強度。

A：我們有很多種類型的新聞，譬如有候選人下鄉、總部開記者會，那你比較喜歡報導那一種的？

B：看情況，下鄉也還不錯！例行的記者會當然也是 OK 的，也是需要的。競選幹部的記者會就還好。

A：綜合跟我們發佈的內容有關的部分，有沒有什麼建議？

B：大概就是要掌握那個一來一往的，還有危機處理很重要，我覺得這次沒有很好，譬如連戰講了一個什麼東西。Anyway，李全教出來轉述連戰的話，但是其實那是不正確的，它會形成負面的一個，但是國親在一天之後才反駁說那其實不是對的。

（十一）訪談紀錄（B5）

受訪者身分：平面媒體記者（中國時報）

訪談內容紀錄：（A：作者葉元之　B：受訪者）

一、整體

A：綜合來說，您認為在競選總部從事新聞發布工作時，影響競選總部新聞能不能順利搶佔媒體版面最重要的因素是什麼？

B：議題呀！就是當天的新聞走向，所謂的候選陣營要操作議題就是這個意思，如果你不能主導議題的發展，就算是單一獨立的事件 event 或你做的很好的新聞稿，也不見得能搶佔媒體版面，最好操作議題是上策，要不然就是順著議題的潮流跟風向包裝你的政見。所以不是單一或獨立的事件，它要有一個文本，如果沒有文本的話，他很難被報導。

A：開記者會的內容是不是一定要媒體關心的焦點，搭它的順風車？

B：對，但事實上不全然是被動的，所謂你的操縱引導議題就是這樣。速度很重要，通常如果你隔天才反應那一點意義都沒有。

A：您認為連宋全國競選總部新聞發布工作成效如何，最需要改進的地方為何？

B：它在整個選舉過程當中，看起來有四個發言系統，四個新聞指導來源，就是總部、主席辦公室、文傳會系統、立法院系統這四個系統。那這樣運作也並沒什麼不可以，就是雖然他跟一般選舉的整個架構印象不一樣，那是因為全國的戰線拉的很廣，像民進黨也是這樣，可是在每個系統中，它必須要有整合機制，如果沒有正式的整合機制，至少要有 news teller，就是新聞說明

的人，把這相關的事情，能不斷的跟新聞記者聯絡，保持密切的互動;還有，它沒有很清楚的掌握電子和平面媒體的差異，其實用平面媒體來引導電子媒體的報導方式是一種很重要的技巧，或是很省事的技巧，可是，我覺得它沒有按照媒體的特性去發展出不同操作媒體的方法。

A：可否請解釋一下，如何利用平面媒體去操作電子？

B：就是你可以利用平面媒體有足夠的篇幅，利用每個媒體不同的競爭的關係，去把你要用的議題用比較完整的文字去敘述出來，第二天用 events 引導電子媒體播報的方向，如果你沒有事先的文字說明，你可以用任何方式，比如你有很好的 news teller—就是新聞解說的人（發言人和解說人是不一樣的，發言人是對著麥克風講話，news teller 是要去解讀、去告訴記者那是什麼意義，他是一個引導新聞方向的，那就是操作議題很重要的方法，很重要的一個 key man），可我覺得國親從聯盟從後來到現在，這方面都做得都不好，在野黨很重要的一點是要說服理念和訴求，那你的理念要吸引媒體的報導，很重要的是要不斷的說明不斷的溝通，激發媒體的想像跟熱情，和有報導的興趣。如果，你缺乏人來說明這樣東西，譬如把一杯白開水形容一杯奶茶，那就是一杯白開水，我也沒什麼好報導。那不只是正常的新聞沒有這樣的人，在四個新聞系統的新聞發佈運作之中，也缺乏有效的聯繫。

A：報社對選舉新聞採訪上最重要的要求？

B：速度和面相，在第一時間當對方提出要求的時候，我們要找到人來回應，還要提供很完整的訊息，能充分的解答對方的質疑跟說明，另外一個就是一些相關的選舉動態，都還好因為一些選舉新聞都很公開，抬面的運作壓力不會那麼大，除非重要的

人事像內閣人事、副手,除非執政黨他的選舉時重大政策可能影響到國際未來,那在野黨比較沒有這樣子。

二、新聞發布內容部分

(一)新聞價值

A:處理這次總統大選新聞依據的新聞價值為何?認為哪些選舉新聞重要?

B:我個人比較 care 的是政策的新聞,還有我覺得這樣的選舉政策和選舉訴求選舉主張會對台灣未來政局影響比較大的東西。

A:政策會做比較大是嗎?

B:我會向報社提出要求,但是不見得每一次。因為政策很難包裝很難陳述,對選民來講很難有吸引力。而且,這次民進黨一直主打負面文宣,那事實上是負面文宣主導了一切,你在很有限的空間去突顯了,譬如說諾貝爾經濟顧問來台、還有你的國土規劃、公投、even 連北高二市合併公投的議題,就是台灣國土重劃、區域重劃那樣的概念,一方面也是國民黨內部有很大的問題,對這樣的政策沒有高度的認識;另一方面是議題進展的速度非常的快,所以我們也沒辦法停下來好好的討論,這是很大的限制。這兩個困難點也就說明,你候選人要提出一個政策的發佈或你一個新聞的發佈,你的內部要有共識,另外一個就是你要控制那個議題的節奏感,議題如果太快被消耗,那被討論就沒有意義,如果內部沒有共識,也得不到後續的東西。

A:比如一個新聞到你手上,也許他不是真的,也許只是一個口水或是攻擊人的,那什麼原因會讓你把做大或做小?

B:像這次總統大選是以負面文宣掛帥,提出很具體的指控,那看

起來幾乎是事實，那一定大，因為你會花很大的篇幅讓他說、讓對方反駁，得到一個結論，這是探究真相的一個過程，通常操之在候選人而不是在媒體，媒體在這次大選也非常的辛苦，一直想找出自己的調性，我們想要辯論政策談比較嚴肅的國家問題，可是事實上反應非常的少，甚至陳水扁根本不提政策，最多就是他做為總統的跟做為執政黨候選人提出來的制憲主張跟正名、國號這些東西對台灣有很大影響的。反而是我們媒體會去做，focus 在那上面。所以他本來就相對有優勢，那他也發揮了他主導的絕大多數的議題。不管是正面的還是負面的。正面就是他公投制憲，負面就是候選人公投，這兩個完全成功。

A：連宋競選總部新聞發佈有無新聞價值？

B：這次總統大選的新聞價值當中，完全就是衝突性啊!就是你罵我、我罵你，你無的放矢，我也無的放矢，候選人之間根本沒有就重大政策議題進行辯論，連宋的公投政策乃至於國家定位的問題，不是模糊就是跟進，所以不構成辯論。

（二）新聞主題

A：在處理選舉新聞時，個人較喜歡那一類的新聞？

B：陳述政見。

A：你認為這次連宋新聞發佈主題策略是否適當？

B：並不適當，他對一些敏感的東西，他比較辛苦的是他當對手一直主打台灣意識和國家認同的時候，他並沒有提出一個精神性的自由民主，假設那是一個強有力的新民主，我想可能會稍好一點。你就很清楚的知道那個路線，就是一個統一個獨，一個國族主義一個自由主義，就是那麼清楚的 logo。可是這次連宋競選很顯然的是技術官僚用技術的東西去說服別人，覺得比較

忽視的是 vision，用情感去說服、去激化、感動別人的東西，那
我覺得那是競選策略的問題，那新聞發佈只能是配合。

A：候選人下鄉、總部例行記者會（發言人、國親立委）、或競選幹
部記者會？喜歡報導哪一類類型？

B：其實這次新聞發佈有比之前好的操作方式就是媒體在別人在講
話的時候先拿到講稿，然後可以切割議題，可是後來稿子的內
容主席並沒有講發生的一些問題，坦白說，我覺得那是一個好
方式，候選人在短時間沒辦法講那麼多的議題，但是我覺得他
處理錯了，應該我承認這書面等於我的發言，因為這書面必然
經過你，你既然發給記者就沒有事後收回的道理。

A：後來是不是因為這樣就沒有了？

B：對，剛忘了講了。就這件事，可看出他新聞發佈並沒有一個統
一的，這個事情就很糟糕，很長一段時間新聞媒體記者和連宋
總部的新聞關係變得很緊張，我到底要不要採用你們的新聞
稿。所以我比較喜歡候選人下鄉，以連戰這次強力塑造國家領
袖的格局方式是成功的，那是傾所有的力量去塑造這個東西，
是成功的。就他個人條件那麼差，坦白說已經是盡了很大的人
力，事實上也看得出來，這次所有的選舉資源和力氣全部是放
在這上面，包括你的輔選架構你的組織通通都是看起來鬆垮垮
的，所以他就是把全部的火力全放在連戰的講話，基本上是還
掌握得住新聞節奏感，新聞基本上都在他那邊，那其他的就是
跑龍套。那你這麼大一個選舉，你光靠候選人這樣子拉，顯然
看起來是不夠的。連戰的個人表現到後來是愈來愈好，但是他
沒有發動一系列的文宣策略去配合，擴散力是不夠的，我覺得
那就是整個輔選的架構的問題，你不清楚沒有 structure 很好的
時候，就一定是這樣子啊!那新聞發佈就只是配合反應出這個問

題而已。

（三）新聞議題

Ａ：這次選舉有哪些重要的議題？什麼樣的議題可以成為媒體關注的焦點？連宋總部在設定議題或回應議題上有哪些應改進之處？

Ｂ：建國和醜聞。打造新認同和 scandal，他把新認同都歸功於他，醜聞都歸功於別人，就是主導這次選舉的綠軍，他的打法就是這樣，建國就是國家認同，你既沒有提出一個比建國更激烈具有想像力，你就被迫一直跟一直跟嘛！醜聞的部分還 ok！大家都很不喜歡這個醜聞，可是相對就是打平，所以後來大家打得非常的辛苦，就是這兩個議題。對，因為你們看起來就被拉著走，雖然過程當中，你們想要用政策殺出一些血路，譬如區域重劃、募兵制、北高兩市公投，可是這個顯然像是戰術不是戰略，你整個戰略是太務實了，接下來一個問題是你要不要走到對方那樣。統是絕對沒有，那你要不要獨到那樣，那顯然也不要嘛，所以就太不幸了，險勝可能是不同的局面，可是你是險敗。這樣講起來可能是成敗論英雄啦，但是這個問題我相信在那時辯論過，所以裏頭在討論公投策略的時候有不同意見，還有國際的因素等等。那是一直在險中求的進展狀況，可是誰也沒料到會是今天這樣。

Ａ：您認為連宋競選總部在處理這些議題上的新聞策略如何？有何建議？

Ｂ：就是我剛剛回答的第二個問題。你做為國家領導人你對國家來講，基本上你被他牽著走，你有沒有辦法在那樣的環境裏面去大聲說出你的主張，這要歸結到你可能過去四年都不知道在幹嘛，他為什麼這次選舉那麼吃力，我覺得他把選舉當做一個過

程，跟那最後那一年的事情，而政黨形象和政黨選舉是整個漫長的四年，不可能在三年之內沒有說清楚的事，想在四年閃躲或是清楚的做出來。還有這次做出來的東西，他曝光率和吸引力實在是太低了，跟綠營比起來。還有總部辦的一些訴求，不同族群的一些比較軟性的活動，他的曝光率也是太低了一些，可我覺得是都辦得不好，雖然民進黨也做了很多，努力和回饋是不成正比，可是他們就曝光的程度來講比較吸引人，尤其是青年或是婦女啦，那些東西，也是這是黨老舊的原因。

三、新聞發布運作過程

（一）新聞稿的產製與發送

A：發新聞稿有沒有比較需要改進的？

B：發言人後來都在總部講新聞，可能是你們人力不足，速度變慢還有變得很簡略，那這樣子來講其實是沒有用的。

A：所以就是要快，可是就平面來說是第二天才出刊嗎，那快對你們來說會有什麼幫助？

B：我們如果覺得很有趣，我們可以去補製做，還有像我們日報不可能一整天都待在這裏，所以白天的時候都要仰賴你們的新聞稿，可我自已有去聽過，跟我看你們的新聞稿我感覺有點不一樣，譬如後來一直去抓賄選的東西，可是我看你們二天的新聞稿，感覺很稀鬆平常，有一天我自已去聽我覺得非常有意思，那我就會寫很多，所以如果我用你們的新聞稿發的話，我很簡略，這說明一件事：你新聞稿發的誘不誘人會關係到新聞記者對這個議題的關心，如果只是平鋪直敘，甚至可能你就當天發言人講話的內容採其精要，可能會看起來很平淡無奇，如果你

發佈新聞的人，有一個 news teller 來做這樣的事，除供應新聞稿之外，還講解打電話跟重要的記者或媒體講說這個很有趣還有一些資料之類的，那就是突顯新聞稿的份量。

A：這跟寫新聞稿的方式有關，因為我們也是當場去聽，聽完之後去寫，你的意思是發言人在講之前，我們先把資料準備好，然後一起當場給記者？

B：國親很奇怪的是，他們都把有印字的當做秘密、寶貝，不大願意給別人．這是執政黨的心態，在野黨就是要提供大量的資料和訊息啊！

A：有些記者會非常的臨時，到發言人到了才知道要講什麼。

B：其實這沒有關係，news teller 是 key men 他要解說新聞，一個委員他手上有很多資料沒法一時說清楚，然後 news teller 他很有新聞敏感度，他也有豐富的政治經驗，在英國和美國政治顧問就是做這種事，因為他們就是靠媒體行銷，政治公關的政治顧問就是做這種事，他跟重要的記者說除了你本身看到的背後還有什麼什麼的，然後當記者有興趣的時候，配合他給很多資料，引起他的興趣，因為他比較認真，他花很多時間聽 news teller 講故事，講完之後就可以完成一篇很好的報導，那沒興趣也可以，就以你們的新聞稿寫一篇很平淡的報導。那我覺得民進黨一直有人在做這個事情，當然這工作要取得授權要被信任，要很老練的。

A：之前我們有討論過，到底新聞稿要寫長還是寫短？

B：對我而言，我願意要長，因為你根本不知道我喜歡什麼東西，你替我決定了等於每個人都有，每個人都有我就不要了。如果你夠長，我可以自己去找出比較有意思的點，你給我的是材料，你不是我的總編輯，如果你要當我的總編輯，那很抱歉你去編

別的報紙，那事實上以現在媒體競爭那麼激烈的環境之下，長
比短好，而且長的意思就跟 news teller 新聞解說是一樣的。你
都要有一個專門的政治顧問去解說了，你還想省事說寫標題就
好了，那不要開好了，更快！

A：我們發新聞稿到底有沒有用？

B：通常不得已的話都會用啊，要不就是找發言人再講一遍，他講
我聽發的重點，跟你們發的重點不一樣，可能有些東西我們覺
得很重要，你們不覺得很重要，

A：發言人有時候和記者講電話的時候會比較清楚，面對鎂光燈的
時候就會比較簡短。

B：因為現在大家都很適應電子媒體，坦白說，在國外政治公關是
非常非常發達的，政治人物是靠包裝出來的。在野黨是靠理念，
一個靠包裝一個靠理念，一個化粧師一直不停的幫你化粧，那
你要知道如何把你的理念說出去。

A：採訪流程幾點寫稿幾點截稿？

B：三點寫稿單，十點半截稿。

A：新聞稿發送問題－新聞稿收發是否順暢？喜歡 e-mail 接收或是
傳真接收？

B：E-mail，可以直接 copy 改寫。

A：對新聞稿寫作要求為何？有何改進之處？

B：你可以用很多附件把新聞相關資料附上去，讓記者可以在裏面
擷取足夠充分的寫作材料，找到有興趣的點。改進之處是有時
候太簡略了，然後速度可以快一點，我覺得你們人力其實太少
了，最重要的工作竟然用最少的人力。

（二）競選總部新聞決策機制

Ａ：1、競選總部新聞決策機制對新聞產製的影響。

　　2、改進之處及建議。

Ｂ：沒有決策機制啊，文宣戰後來就是六人小組會議決定就是每個星期定調，重點在技術和執行。他們是定一個調，隨時密切的請示，那時候速度就變慢了，

Ａ：到底決策機制有哪些？六人小組、十人小組

Ｂ：就是後來的的六人小組，前身是十人小組，每天早上兩黨的秘書長和兩黨的黨鞭 8 點開會，每天晚上兩黨主席和兩黨秘書長還有連、宋、王、馬。

（三）與候選人的媒體關係

Ａ：跟候選人的互動關係，及其對你們新聞產生的影響？

Ｂ：我就是覺得在野陣營，連宋這邊的新聞說明太少，但他的互動還是有。

Ａ：在選舉來講的講的話，記者、媒體、把候選人當消息來源的話，會不會感覺候選人的位階會比較高一點？

Ｂ：會呀！

Ａ：是這樣子，對選舉新聞來講的話，一般來說不是媒體的位階比較高嗎？

Ｂ：對，國會的話。部會的話也未必。選舉來講的話，候選人和媒體之間的關係應該要互利為重，還 OK 啦，這次連戰比上次好很多。

Ａ：那你覺得應該要怎麼改進，譬如以後候選人要怎麼跟媒體保持良好的互動關係？

Ｂ：我覺得只要有強人的慕僚和媒體建立固定的窗口就可以，那這

次只看到連宋兩個，其他的都看不到，幕僚不夠專業。這應該
是專業的事情。尤其現在媒體高度競爭高度分化的時代，操作
媒體是非常非常技巧的事。

A：有沒有什麼建議？怎樣跟媒體互動？

B：你要知道，尤其是這種負面文宣戰，媒體願意幫忙澄清，幫忙
ask question，不是不願意講，就是恍神啦不知道到哪去了，真
的，為什麼不講，為什麼這個那個，我覺得我們像在打仗，他
好像很涼快這樣，非常奇怪的一件事情。那這是你們短兵交接
的一戰，也許你們自己有一套完整的議題藍圖，可是我不知道
就等於白搭，就是你的選民不知道，你們必須告訴我，不能不
告訴我，不能連我問了都不想講，那我只能說我不知道，所以
這是新聞說明人的重要性，政治顧問幾乎是很少。那為什麼文
茜沒有功勞也有苦勞，因為他自告奮勇的做了一些事，如果今
天沒有做這種事，那是不是更慘，就看選後這兩個月，從 320
到 520 為什麼國民黨一敗塗地，很大一部分，如果你沒有認識
到這點的話．那很抱歉，你的政治理想政治改革都不會成功。
你就是突然很多的阻力，你的下屬、你的黨員、甚至只要掌握
媒體，就等於拿一把槍把你幹掉，這就是這兩月下來連戰的下
場，就是在媒體上一路節節敗退，選民開始唾棄你厭惡你，因
為他不知道你在想什麼，徜若跑你的記者都不知道你在想什
麼，你的選民怎麼會知道你在想什麼。

（四）與發言人的媒體關係

A：你跟發言人的互動關係？

B：發言人很辛苦，因為他要做很多很多的雜事，所以也不可能有
很多時間跟你密切的互動，所以談不上互動，只是基本的 give

and take 而已。那和競選幹部的關係也是一樣的，每個人都忙得跟什麼一樣。

A：你剛有提到連戰和宋楚瑜比較沒有跟媒體互動，那你覺得這次發言人和競選幹部跟你們互動的情況怎麼樣？

B：有稍微好一點。不過，因為他們參與決策的程度並不深，輔選的系統很分散，決策的核心非常非常的小，如果他沒有參與決策，那請問他要和我互動什麼，他說不定還要問我呢！

A：新聞聯絡人的互動？

B：那新聞連絡人只是，「明天有個記者會請你來參加，新聞稿你收到了嗎？收到了，謝謝」，這就是太原始了嘛，這是印刷時代，1800 年的時候，現在是高科技的電子媒體時代了，這實在是太落伍了。

A：所以你覺得新聞發布最重要的關鍵就是要有一個 news teller，整個架構要很清楚，要一條鞭。

B：對，然後發言人要有參與。

A：發佈內容要跟著當天的議題，包括設定議題，怎樣的議題可以引起廣大的興趣，議題怎樣做大？

B：其實你看，後來連戰第二次的辯論會表現得非常好，因為他提出了許多具體的主張，可是整個文宣部沒有整個跟上來，就算他個人表現很突出，很快就被拉回來，本來有機會脫離正名國家認同。就是公投法挫敗後，他們要提防禦性公投，我覺得那是決策上的錯誤，假設你不理會他，或是你沉住氣，防禦性公投，或是你搞一個公投你不要再跟著他走的話，因為大家很疲憊，如果你用一個很強烈的文宣攻勢拉出一條戰場，譬如國土重劃……

A：就是他丟一個，一直跟一直跟，議題就會變大？

B：儼然東西丟出去就沒了，228 你明明預期會有那樣的事情，可是你事前並沒有做一些消毒、或做一些扭轉的方式，就想低調過去就沒了，他應該要低調的可是他跟他正面迎戰，像公投議題；他應該要正面迎戰的，可是他卻低調，犯了這兩個錯誤，228 應該要誠懇的面對國民黨的包袱，如果宣佈把黨產弄掉，在前一天，黨產捐掉什麼的，就讓人把 228 和國民黨和過去舊的形象切割掉，不管做什麼事情，要很嚴肅的面對 228 牽手的問題。

B：要不就從裡頭反應出臺灣媒體政治獨特的現象，就是政黨政治介入媒體生態，媒體分成兩派，我也不知道為什麼，你當記者跑什麼路線就被貼上那個標籤，記者不是應該批判採訪對象嗎？在新聞專業討論是說你跟採訪對象的關係，會不會因為你有新聞互動，所以必須要常說他的好話，他會用這種方式箝制你，這種專業關係是存在是容許被討論的，但我跑國民黨的線不代表我喜歡他、是他的人，可能我有現實上的壓力，必須和他保持溫和的關係，不然我會得不到新聞，不代表我會很支持他我跑這個新聞我 prefer 藍軍當選，可能是有別的考量。

我認為應該對我採訪對象採取嚴苛的標準，但是我發現報面新聞呈現是很失衡的，因為我會認為跑線的記者新聞壓力非常大，民進黨非常擅於操作新聞，他們對新聞記者箝制的力量是非常大的，他們幾乎不容許新聞記者有批判他們的空間，所以跑線的記者很少批判採訪對象，國民黨方面，因為他很鬆散，沒有 news teller，也沒有專們和媒體記者互動的關係，記者和候選人互動也很鬆散，基本上可以不要互動，相對來講新聞控制比較鬆散，所以我有批判他的空間，可是當我這樣做時發現失衡，因為只有藍的在批判但綠的不批判，我就會想我為什麼樣

要這樣做，這是很自然的，我新聞專業和道德倫理的掙扎，我有更高的政治理想就是台灣要不斷的政黨倫替，當我這樣做時我就不能忍受這種失衡的狀態，也許是這樣想，我就被貼上藍的標籤。

這次政治力介入媒體實在太離譜，整個社會都分裂，媒體也不能自外於社會，這次媒體生態非常畸形，被迫和採訪對象變成命運共同體，即使你們發的新聞稿很爛我們也要想辦法把它promote出去。

（十二）訪談紀錄（B6）

受訪者身分：廣播媒體記者（中廣）

訪談內容紀錄：（A：作者葉元之　B：受訪者）

一、整體：

A：1、綜合來說，您認為在競選總部從事新聞發布工作時，影響競選總部新聞能不能順利搶佔媒體版面最重要的因素是什麼？

2、連宋全國競選總部新聞發布工作成效如何？最需要改進的地方為何？

3、報社對選舉新聞採訪上最重要的要求？

B：不同媒體的屬性，直接影響新聞的曝光率。以日報來說，由於可以將新聞事件「凝聚」到截稿時間，因此新聞的「內容」是影響見報率的關鍵；對於晚報或電子媒體來說，除了「內容」之外，「時間」與「新聞重點精準度」是影響這條新聞能否刊登或播出，或是播出頻率的關鍵。以下就「時間」與「精準度」作進一步的說明。

「時間」者，就是要考慮發布新聞的時機，由於電子媒體新聞必須在中午以前有完整能播出的報導，晚報則除非出現極為重大的新聞，否則以十二點半到一點為原則上的截稿時間，因此一則內容未必十分完整，但是卻能在十二點，甚至十一點以前發出的新聞，見報的機會遠比過了截稿時間，但是內容完整得多的新聞要「有效率」。尤其晚報往往能引導第二天日報的新聞主軸，如何讓發布的新聞能在晚報刊登，可以說是最重要的工

作。

「精準度」者，如何掌握媒體對新聞事件重點的觀察解析方式是也。簡單地講，發布新聞和撰寫新聞猶如消費市場上的「生產者」與「消費者」，生產者當然希望消費者能接受生產者生產的「商品」，但是生產者也必須精確掌握消費者需求的變化，適時地作出調整。也就是說，新聞發布者想定的新聞重點，當然未必要和記者要的重點相同（尤其台灣電子媒體喜歡處理「去共識化」新聞，這方面更不可能有相同的觀點），但是相去不能太遠。

「去共識化」者，指的是新聞媒體喜歡以「衝突」作為解析新聞的切入點，如果實質上並不存在具體的衝突，就製造一個衝突。例如媒體再處理國民黨新聞時，經常使用「本土派」的字眼，指的是包括徐中雄、陳宏昌、陳健治等人，此種分析方式的盲點在於「派」至少表示有組織存在，但是前面提到的那些人所提出的意見，嚴格來說都是個人意見，因此何「派」之有？這就是很典型的去共識化新聞。此外，如果國民黨內有人有不同意見，媒體會說是「嗆聲」，如果沒有意見，就會有人說「被摸頭」，總之永遠有的說，很奇怪的是這種去共識化新聞，現在居然是政治新聞，最起碼是電視政治的主流呢。

從這個角度觀察，連宋競選總部在 2004 年大選期間的新聞發布工作成效，在「時間」的掌握上還算良好，可以有效地配合各種不同媒體的的作業時間，隨重點新聞事件作出的第一時間回應（「口水」是也）也能迎合媒體需求，如果要深究可資改進的地方，則到底該設置發言人群，還是特定發言人，兩者在實踐上各有優缺點，很難斷其是非，這一點可於稍後詳述。

二、新聞發布運作過程：

（一）新聞稿產製與發送：

A：1、是否曾用過競選總部發的新聞稿？新聞稿採用程度？如何用？

2、採訪流程（分平面、電子、廣播、網路）－幾點寫稿單？幾點截稿？

3、新聞稿發送問題－新聞稿收發是否順暢？喜歡 e-mail 接收或是傳真接收？

4、對新聞稿寫作要求為何？連宋競選總部新聞稿寫作是否有改進之處？發稿速度？長短？角度？

5、改進之處及建議

B：廣播新聞製作的特質在於「沒有截稿時間」，也就是時時都是截稿時間，因此不會有「稿單」或「截稿」等問題，也正是因為有必須在第一時間處理的壓力，因此對新聞稿的需求度，會比一般平面媒體要高，倘若新聞稿的內容重點，或至少在格式上符合新聞處理的需求，則新聞稿將會是非常有用的媒介。從廣播新聞製作的角度解析，新聞稿發布必須：一、用電子郵件與手機簡訊形式發送，傳真則因為記者不常回公司，基本上沒有效果（部分政府部會現在還在用信件發送採訪通知，顯示相關人員根本還沒有處理新聞的概念）；二、除非有文件或圖表作附件，否則長度愈短愈好，最好能以一般播報速度，也就是一分鐘兩百四十到兩百七十字，在一分三十秒以內能結束，換算以不超過四百字為原則，字數太多可能反而讓重點不明。

（二）新聞決策機制：

Ａ：競選總部新聞決策機制對新聞產製的影響。改進之處及建議。

Ｂ：新聞處理與一般論述最大的差別就在於「快」，政府部會或政黨因為組織嚴謹，作評論或回應自然有其層層節制的機制，但是新聞工作卻是最不講究程序，最常「便宜行事」的行業，如果有任何議題，需要競選總部作出回應或評論，記者希望能在第一時間做出回應，即使這樣的回應很粗糙或很「白目」都沒有關係，但就是要在第一時間做回應！連宋總部部分發言人可以滿足媒體這樣的需求，主觀上這樣的發言人確實符合了媒體的需求，但從客觀角度看，快速但不太進入狀況的回應，對競選總部並不是好事。一個反應快又在狀況內的發言人，是最完美的發言人（對需要錄音的廣播新聞記者尤其如此），但是受限於現實環境，符合這種條件的發言人，並沒有在這次的大選中出現。

（三）候選人媒體關係：

Ａ：簡述與候選人的互動關係；與候選人互動關係對新聞產製的影響；採訪選舉新聞工作上，對候選人的要求及建議。

Ｂ：我個人的工作原則是絕對不跟受訪對象有過於緊密的關係，但是也不會太過疏離，原因十分簡單：距離太近或太遠都會讓記者看不清楚對方，太遠跑不了新聞，太近則可能造成角色混淆。連宋兩人嚴格地講都不能算是記者心目中合格的「完美受訪人」（不過這種完美受訪人老實說也不存在），連戰先生不時從內心裡流露出不願意和記者接觸的心情，這種心情雖然還稱不上「討厭」，但是對於現在的台灣媒體，尤其是電子媒體喜歡一湧而上「堵」訪問的工作風格，連戰先生是有點排拒的，感覺上他還

是比較習慣，也比較喜歡事先安排好的單獨專訪，用「專訪」
爭取比較完整的陳述時間，並且迴避掉擁擠的媒體記者。

宋楚瑜先生則屬於另外一種典型。宋楚瑜先生曾經擔任新聞局
長及國民黨文工會主任等職務，是當前政治人物裡，極少數熟
悉媒體運作特性的特例。不知道您有沒有注意到，宋楚瑜先生
在親民黨中央召開記者會，通常都選在接近中午或傍晚的時
候，原因是利用壓縮媒體工作時間的方式，以確保記者會進行
的時候，各有線新聞頻道一定會以全程，或者至少是長時間的
SNG 現場直播。不可否認，這樣的操作方式非常有效，和連戰
先生相比，如果連戰先生是「惜言如金，言簡義賅」，宋楚瑜先
生的發言則經常失之過於冗長。記者同業間曾經流傳一個笑
話：政治人物都有「發語詞」，比如說林佳龍的發語詞是「在這
裡我們要奉勸馬市長」，宋楚瑜先生的發語詞則是「換言之」或
「更重要的」。會讓人歸納出「發語詞」，顯示宋先生說話詞藻
或許很多，但除非對宋先生行事風格非常了解，否則可能會聽
了好長一段時間，卻聽不出來他在說些什麼。連宋兩人的媒體
表現，一人過之一人不及，都有需要再改進的地方。

（四）發言人的媒體關係：

A：簡述與發言人的互動關係、與發言人互動關係對新聞產製的影
響、發言人制度適切性、採訪選舉新聞工作上，對發言人的需
求及建議？

B：競選期間曾經接觸的發言人，包括蔡正元、黃義交、龐建國、
游梓翔、周守訓等人，總部一開始雖然曾經安排依照單雙日排
定的「班表」，但隨著選情的變化，「班表」在實務上很難貫徹，
還好這幾位發言人都有「隨傳隨到」的優點，就新聞處理來說

是很方便的，尤其某些需要在第一時間作出回應，屬於「口水」的議題，有位可以在第一時間發言，把口水反吐回去的發言人也就夠了，這一點發言人群的表現是符合需求的。

至於關鍵性的重要問題，則需要「狀況內」的發言人，古巴飛彈危機期間的白宮發言人 Salinger，他在危機處理過程中的角色就相當地微妙且尷尬，如果有些重要議題，媒體就是希望連宋本人能做說明（例如連戰的個人財產，宋楚瑜的興票案），此時發言人能做些什麼就很重要了。候選人或許希望多花點時間跑行程接觸選民，但是記者卻希望能找時間和候選人好好「聊一聊」，畢竟有些訊息傳遞的方式，發言人是無法取代的。

到底要發言人群還是單一特定發言人？兩種做法各有優缺點，前者的好處是立即的回應比較有效率，缺點是發言人們的步調或解讀精準度可能會不一致，不過如果是要地一時間的立即反應，通常也是口水，這方面的問題應該不大。

（五）新聞聯絡人的媒體關係

A：簡述與新聞聯絡人的互動關係、與新聞聯絡人互動關係對新聞產製的影響、採訪選舉新聞工作上，對新聞聯絡人的需求及建議？

B：競選總部的工作人員和新聞聯絡人，有義務要把總部的任何活動通知給所有記者，拜手機簡訊之賜，這方面運作得十分順利，比較可議的是三一九到三二一凌晨的安排，當天因為接近大選投票日，國內外各媒體會把競選總部擠爆，是可以預見的事情，總部空間有限也是可以預見的事情，雖然記者無權要求所有空間規劃都必須完全配合媒體的需求，但是空間嚴重不足是客觀的事實，兩者之間是否可以找到更合適的規劃與安排方式？這

個問題其實是很難回答的。

三、新聞發布內容：

Ａ：處理這次總統大選的新聞價值為何？較喜歡的新聞主題及新聞議題為何？

Ｂ：二○○四年的總統大選，由於只有兩組候選人，雙方實力又非常接近，媒體在安排採訪時不可能「押寶」賭誰會當選，因此兩陣營都必須部署重兵，而且務必要在新聞呈現上維持公平，即使只是表面上的公平都得維持。然而，指揮新聞採訪調度的主管，必然會有個人的立場與好惡，甚至會把這樣的好惡反映在採訪上，因此「新聞價值」並非處理大選新聞的唯一依據。歸納起來，能否成為「有報導價值」的新聞，取決標準包括：

　　一、話題；

　　二、時效；

　　三、關鍵指標：像是連戰在元月二日公佈個人財產。

以廣播新聞來說，取用哪段錄音，除了考量這段錄音在整條新聞裡的價值外，同時也要考量錄音的長度，合適的長度以不超過二十到二十二秒為原則，如果能夠透過受訪者自己的聲音，讓整個新聞有「一針見血，畫龍點睛」的效果，那段錄音就是要取用的錄音（如三二七群眾集會上，宋楚瑜當眾宣佈即使訴訟成立也不會參選）。受限於新聞時間長度限制，廣播新聞不可能呈現事件的所有面相，雖然過於武斷誇張，但是廣播新聞的製作原則，說穿了不過就是「斷章取義」四個字。

對於隨時都要處理新聞的全新聞廣播媒體來說，撰稿記者是不會有「比較喜歡」的議題，基本上除非活動或新聞資料內容過於貧乏，否則以大選新聞來說，還是盡量「有聞必錄」，當然會

因應記者自己判斷的新聞價值，在報導強度上作自認合乎比例的調整。理論上記者應該呈現形象或政見新聞，但實際上還是攻擊或防禦新聞比較容易呈現出「熱鬧」的新聞，所還是口水和候選人下鄉掃街，比較能爭取到媒體能見度，連宋總部雖然保持每天都有例行記者會，但是攻擊戰力仍然有限。

歸結起來，這次的大選是一次相當「低水準」的選舉，回顧兩陣營的新聞主軸，在攻擊防禦方面，藍綠兩陣營分別在「個人財產」、「打老婆」，以及「股神」、「吃水餃」等十分無聊的議題上打轉。而在政見方面，藍營在最後階段持續打的是「免當兵」，先前發表的一大堆白皮書反而都沒有人記得了；綠營也高明不到哪裡去，打來打去好像只有「阿扁拼建設，又快又省錢」，證明選戰打到最後，還是「賣麵粉的碰上掃煙囪的」，最後大家打成一團，沒有人注意其實該注意的議題。

倒是民進黨陣營的媒體運作技巧，遠比國親陣營要高明，撇開其中的疑點，民進黨在三一九當天的媒體運作是完美的，因為民進黨成功地操作了從全國性電子與平面媒體，到地區性的小型媒體，從正派合法經營的媒體，到非法經營的地下媒體，甚至街談巷議，口耳相傳的流言，都作了極為細緻的操作，單從這一點看，連宋陣營的新聞處理雖然沒有犯大錯，但是要在新聞戰上打贏民進黨，根本是不可能的事情。

（十三）連宋全國競選總部發言人團隊運作機制

92.12.08

一、發言人團隊的組成

（一）國內媒體發言人：國民黨：蔡正元（郭素春、周守訓）；
親民黨：黃義交（龐建國、李慶安）。

（二）國際媒體發言人：蘇起（李桐豪）。

二、發言人作業原則

任何發言，應先與策應小組確認事實及發言方向後，依下列原則辦理：

（一）第一時間發言。

（二）即時回應、拋出議題。

（三）完整、準確陳述，避免情緒性或人身攻擊字眼。

（四）設法攻佔媒體版面。

三、發言人運作機制

（一）每日上午十時（週末上午九時）、下午四時於競選總部各舉行一場例行記者會對媒體發言，另視情況需求機動舉行記者會發言。

（二）發言人團隊應排定發言班次，按時到競選總部記者會發言，因故未能按排定班次發言時，應負責找定代理發言人。

（三）緊急事件或新聞議題，掌握時效，以獲知一小時內對媒體發言為原則。

（四）建立通報機制，重大事件或議題，於第一時間通報策應
　　　小組。

（五）發言人機制從十二月七日開始運作，兩位發言人隔日輪
　　　值，全天在競選總部待命，每月單日黃義交，雙日蔡正
　　　元，若有事則請代理發言人代班。

（十四）新聞組工作項目

92.07.18

1. 每日新聞議題造勢（結合輿情組及議題組）
2. 媒體聯繫與公關
3. 安排候選人下鄉訪問時，與新聞媒體有關之一切事宜
4. 每日競選總部新聞稿之撰寫及提供
5. 安排候選人接受媒體專訪、參加節目
6. 統籌記者會召開之各項準備事宜
7. 競選總部記者接待工作
8. 對手陣營新聞資料之即時掌握及回報
9. 政策發佈（結合政策組）
10. 競選活動新聞聯繫工作（結合活動組）
11. 與發言人團密切配合
12. 文宣廣告新聞化（結合廣告組）
13. 接待國外選舉觀察團及媒體
14. 國際媒體外銷轉內銷策略運用及執行
15. 接待國內選舉觀察團（含學生研究需要）

國家圖書館出版品預行編目

公共關係與競選策略：2004大選連宋總部新聞發布實例研究／
　　　　　葉元之著. -- 一版.
　　臺北市：秀威資訊科技, 2004[民 93]
　　　面；　　公分. --　參考書目：面
　　　ISBN 978-986-7614-50-6（平裝）
　　　1. 競選活動－公共關係
　　　2. 新聞學

　　573.3　　　　　　　　　　　93.16294

社會科學類　　AF0009

公共關係與競選策略
—2004 大選連宋總部新聞發布實例研究

作　　者 / 葉元之
發 行 人 / 宋政坤
執行編輯 / 李坤城
圖文排版 / 張慧雯
封面設計 / 莊芯媚
數位轉譯 / 徐真玉　沈裕閔
圖書銷售 / 林怡君
網路服務 / 徐國晉
出版印製 / 秀威資訊科技股份有限公司
　　　　　台北市內湖區瑞光路 583 巷 25 號 1 樓
　　　　　電話：02-2657-9211　　　傳真：02-2657-9106
　　　　　E-mail：service@showwe.com.tw
經 銷 商 / 紅螞蟻圖書有限公司
　　　　　台北市內湖區舊宗路二段 121 巷 28、32 號 4 樓
　　　　　電話：02-2795-3656　　　傳真：02-2795-4100
　　　　　http://www.e-redant.com

2006 年 7 月 BOD 再刷
定價：310 元

讀 者 回 函 卡

感謝您購買本書，為提升服務品質，煩請填寫以下問卷，收到您的寶貴意見後，我們會仔細收藏記錄並回贈紀念品，謝謝！

1. 您購買的書名：＿＿＿＿＿＿＿＿＿＿＿＿＿＿＿＿＿＿＿

2. 您從何得知本書的消息？

□網路書店　□部落格　□資料庫搜尋　□書訊　□電子報　□書店

□平面媒體　□ 朋友推薦　□網站推薦　□其他＿＿＿＿＿＿

3. 您對本書的評價：(請填代號　1.非常滿意 2.滿意 3.尚可 4.再改進)

封面設計＿＿＿　版面編排＿＿＿　內容＿＿＿　文/譯筆＿＿＿　價格＿＿＿

4. 讀完書後您覺得：

□很有收獲　□有收獲　□收獲不多　□沒收獲

5. 您會推薦本書給朋友嗎？

□會　□不會，為什麼？＿＿＿＿＿＿＿＿＿＿＿＿＿＿＿＿＿

6. 其他寶貴的意見：＿＿＿＿＿＿＿＿＿＿＿＿＿＿＿＿＿＿＿

＿＿＿＿＿＿＿＿＿＿＿＿＿＿＿＿＿＿＿＿＿＿＿＿＿＿＿＿

＿＿＿＿＿＿＿＿＿＿＿＿＿＿＿＿＿＿＿＿＿＿＿＿＿＿＿＿

＿＿＿＿＿＿＿＿＿＿＿＿＿＿＿＿＿＿＿＿＿＿＿＿＿＿＿＿

讀者基本資料

姓名：＿＿＿＿＿＿＿＿＿＿　年齡：＿＿＿＿　性別：□女 □男

聯絡電話：＿＿＿＿＿＿＿＿　E-mail：＿＿＿＿＿＿＿＿＿＿

地址：＿＿＿＿＿＿＿＿＿＿＿＿＿＿＿＿＿＿＿＿＿＿＿＿＿

學歷：□高中(含)以下　　□高中　　□專科學校　　□大學

□研究所(含)以上 □其他＿＿＿＿＿＿＿

職業：□製造業 □金融業 □資訊業 □軍警 □傳播業 □自由業

□服務業 □公務員 □教職　□學生 □其他＿＿＿＿＿＿

秀威與 BOD

BOD（Books On Demand）是數位出版的大趨勢，秀威資訊率先運用 POD 數位印刷設備來生產書籍，並提供作者全程數位出版服務，致使書籍產銷零庫存，知識傳承不絕版，目前已開闢以下書系：

一、BOD 學術著作—專業論述的閱讀延伸
二、BOD 個人著作—分享生命的心路歷程
三、BOD 旅遊著作—個人深度旅遊文學創作
四、BOD 大陸學者—大陸專業學者學術出版
五、POD 獨家經銷—數位產製的代發行書籍

BOD 秀威網路書店：www.showwe.com.tw
政府出版品網路書店：www.govbooks.com.tw

　　永不絕版的故事・自己寫・永不休止的音符・自己唱